초상화로 읽는 세계사

글 김인철

YANG 양문 MOON

초상화로 읽는 세계사

초판 1쇄 발행일 2023년 1월 10일

저자 | 김인철
펴낸이 | 김현중
디자인 | 박정미
책임 편집 | 황인희
관리 | 위영희

펴낸 곳 | ㈜양문
주소 | 01405 서울 도봉구 노해로 341, 902호(창동 신원베르텔)
전화 | 02-742-2563
팩스 | 02-742-2566
이메일 | ymbook@nate.com
출판 등록 | 1996년 8월 7일(제1-1975호)

ISBN 978-89-94025-92-6 03900

초상화로 읽는 **세계사**

저자의 글

두 개의 주제어로 이루어진 글을 썼는데 바로 역사와 초상화이다. 역사 속에 살고 있는 우리는 그 범위를 확장하면 세계사 속에서 살고 있다. 우리를 둘러싼 또 다른 역사를 지켜보면서 역사라는 시간은 절대 돌려세울 수 없고, 이미 이루어진 일을 바로 잡을 수 없으며 정지시키지 못함을 알게 된다. 하지만 공간 예술인 미술, 미술의 여러 방법 중 하나인 회화는 역사를 잠시 불러내어 관조할 수 있게 만들어준다. 그중 초상화는 역사를 되돌아보게 해주는 가장 좋은 결과물이다.

알다시피 역사는, 특히 정치적인 세계사는 주로 국가 지도자들이 만들어왔다. 그들은 자신의 나라를 대표하면서 주변국과 교섭하고 함께하고 싸움까지 했다. 지도자들에 의하여 국가는 흥망성쇠를 겪어왔고 그 결과 그들이 인정받았으며 찬미되고 저주의 대상도 되었다. 절대왕권 시대 그들의 존재는 무척 중요했기 때문에 이미지 관리 역시 그렇게 취급되면서 초상화로 그려져 역사로 남았다. 국왕과 왕비 등의 모습이 먼저 초상화로 제작되었고, 왕자나 공주 등 왕가의 인물들도 그려졌다. 아울러 그들에 버금가는 정치적으로 비중 있는 사람들 역시 초상화로 남았고, 기독교 중심 사회이다 보니 종교 지도자들도 그림으로 남게 되었다.

역사를 쓴 글이지만, 세부 주제는 초상화이기 때문에 관련 이미지 선정에 고심했다. 역사적 비중이 높은 인물임에도 실제 초상화가 없는 경우가 많았고, 우수한 초상화였지만 역사적으로 크게 중요한 사람이 아닌 경우도 있었다. 게다가 초상화를 실제로 제작한 화가들 역시 다루어야 했기 때문에 분량이 늘어나면서 조금 산만하게 된 것 같다. 이는 마지막까지 고민했던 부분이다.

개인적으로 그림 알아보기에서 시작한 일이었기 때문에 초상화가들에 우선 집중했지만, 당연히 세계사 속에 비중이 큰 인물들 역시 허투루 언급할 수 없었다. 그리고 국왕을 비롯하여 유력 인사의 연인들을 다룰 때는 너무 흥미 위주로 쓰는 것 아닌가 하는 걱정도 없지 않았다. 그렇게 1년을 넘게 다듬어 마무리했으니 이제 질정(叱正)은 여러분의 몫이다.

동문 관계를 떠나 사회적으로 큰 기여와 업적을 남겨주신 선후배들께서 분에 넘치는 내용의 추천사를 써주셔서 감사드린다. 아울러 이번에도 결단을 내려 졸저를 출판해주신 김현중 도서출판 양문 대표께도 거듭 고맙다는 말을 전한다.

2022년 12월

추천사

"(전략) 1558년 25세의 나이로 왕위에 오를 무렵 엘리자베스는 권위와 정치적 권한은 있었지만 그리 안전한 입장은 아니었다. 하지만 이미 그녀가 갖추었던 조심스럽고 미묘하며 예리한 지능은 세상과의 상호작용에 가면을 쓴 모습으로 위장되었다. 그녀는 지켜보고 기다리며, 친구를 사려깊게 선택하고, 적들을 더욱 신중하게 관찰하는 본능을 가졌다.

자신과 왕국에 대한 돌연한 위협이 증가함에 따라 그녀는 새로운 모습이라는 여왕으로의 길로 인도되었다. 파악하기 어려웠던 그녀였지만 가능하면 쾌활함을 유지하면서도 누구나 볼 수 있는 곳에서 숨어있는 존재이기도 했다.

(중략) 그녀는 돌이킬 수 없는 행동으로 위험을 촉발하기보다 현재 상황에서 파악된 위험들을 우선 관리하고자 했다. 그런 완전하지 못한 경험 속에서 잉글랜드 역사상 가장 주목할 만한 군주 중 한 명이 나타날 수 있음이 확실해졌다."

김인철 평론가가 2022년 4월 10일자 〈아시아엔〉에 기고한 '초상화로 읽는 세계사'의 한 대목이다.

그는 무명 작가 두 사람의 초상화를 알리며, 이처럼 치밀하고 대범하게 표현해냈다. 그럭저럭 2015년부터 기고를 통하여 만난 김인철의 글은 빈틈이 없었고, 앞뒤 맥락을 쉽게 설명해주었는데 그런 점이 바로 미술에 문외한인 추천자가 그의 다음 글을 늘 기다리는 까닭이다.

이상기

한겨레신문 전 편집장, 한국기자협회 제38·39대 회장,
아시아기자협회 창립회장, 〈아시아엔〉 발행인

추천사

16세기와 18세기에 걸쳐 유럽은 중세의 잠에서 깨어나 서서히 근세를 추동하는 대변혁의 시기를 맞았다. 영국의 대문호 찰스 디킨스는 〈영국사 산책〉에서 영국사를 친족에 의한 왕위 찬탈, 귀족들의 모반, 모진 억압과 착취에 견디다 못한 백성들의 반란으로 점철된 잔인한 역사로 서술하였다. 그러나 긴장된 정치 상황 속에서도 점진적이나마 인구가 증가하고 경제가 성장하여 문예부흥, 종교개혁, 지리상의 발견으로 많은 변화를 가져왔다. 영국의 경험주의와 대륙의 합리주의가 경합하는 가운데 자연법 사상에 기초한 사회계약의 개념이 성립하였다.

특히 종교개혁으로 가톨릭의 독점 체제가 끝나면서 신교의 부상뿐만 아니라 종교적 회의주의나 무신론적 풍조마저 나타나면서 정치적 자유와 사회적 정의를 구현하기 위한 과정이 본격적으로 시작되었다. 영국에서는 의회주의가 태동하고 법치주의가 성립되면서 강력한 근세 국가의 모습을 갖추어 나갔고, 마침내 산업혁명 시대를 맞게 된다. 프랑스에서는 자유주의적 정치사상에 영향을 받아 계몽주의가 나타났으며, 이것은 미국의 독립 혁명과 프랑스 대혁명의 도화선이 되었다.

영국은 1558년 즉위한 엘리자베스 1세에 유럽의 변방으로부터 세계를 주도하는 대제국으로 발돋움하기 시작하였고 이후 1603년 제임스 1세에 의한 잉글랜드와 스코틀랜드의 통합 왕조 출현, 1688년 명예혁명, 1702년 앤 여왕 때 대영제국으로 출범하면서 나라의 기틀을 닦고 의회민주주의의 발상지로서 세계사의 일익을 담당하였다. 영국의 퓨리턴 혁명은 1766년 미국의 독립 혁명으로 이어져 세계 최초의 공화국이 탄생하였고, 이어서 발생한 1792년 프랑스 대혁명으로 자유와 평등을 중심 가치로 시민 정신이 대두되었다.

독자들은 이 책에서 소개된 인물들을 통하여 유럽의 종교개혁과 근대 국가로의 태동 배경에 한층 더 가까이 다가설 것이다. 아울러 이 책에서는 대변혁의 시기에 영국과 프랑스를 움직였던 남녀 인물들의 초상화를 그린 화가들에 대한 설명을 더하여 정치와 예술을 넘나드는 경지에서 그 시대를 한층 더 쉽고 재미있게 이해할 수 있도록 하였다. 야콥 부르크하르트가 그의 저서 〈세계사적 성찰〉을 통하여 국가, 종교, 문화를 역사의 3대 잠재력으로 보고 특히 문화사에 집중하는 의식적인 노력을 통해 유럽 정신을 승화시킬 수 있음을 강조한 데서 보듯이, 저자는 통섭적인 시각에서 역사의 문화사적 배경을 강조하고 있다.

영웅 숭배를 "세계 경영에 대한 영원한 희망"이라고 보았던 토마스 칼라일은 "역사에 있어서 전체를 보는 눈을 갖지 못하고 한 부문에서 기계적으로 일하는 사람들이 있고, 또 다른 한편으로는 오직 전체 안에서만 부분이 참으로 인식될 수 있음을 늘 알고 있는 사람들이 있다"라고 했다. 이 책의 초상화에서 나타난 영웅들은 분명 후자의 부류이며, 초상화를 그린 예술가들은 전자의 부류이겠지만, 이들 모두가 역사에서는 전혀 다르지 않은 역할과 소임을 다하고 있다 할 것이다. 독자 여러분은 바로 이 책에서 인류 문명의 개화기를 추동한 영웅과 예술가들을 만날 수 있다.

장시정

15회 외무고시에 합격한 후 정무 담당 공사참사관(베를린), 한국국제협력단 국제협력이사, 카타르 주재 대사와 오스트리아 주재 차석대사를 거쳐 함부르크 총영사 역임

추천사

대학 시절 엘리자베스 1세의 초상화가 표지인 책 〈The Norton Anthology of English Literature〉을 2년이나 배우면서도 그 그림에 대한 관심을 가지지 못 했던 이유는 아마 초상화가 지닌 겹겹의 의미들, 즉 역사와 화풍과 문화적 배경 등을 몰랐던 탓이다. 정물화나 풍경화와 달리 초상화는 설명 없이 느낌으로만 감상하기 매우 어려워 그냥 지나치기 쉽고 흥미를 끌기 어렵기도 했기 때문일 것이다.

김인철 교수님의 책 〈초상화로 읽는 세계사〉는 초상화를 역사적으로, 문화적으로, 개인사적으로, 그린 화가의 화풍과 관점까지 설명함으로써 우리를 그림 속 인물을 넘어 역사의 한 가운데를 사는 것 같은 생생함으로 이끌어준다. 그저 한 사람의 얼굴이 아닌 한 시대의 역사 배경 속 슬픔, 기쁨, 안타까움, 놀라움 등을 담담한 문체로 끌어내준다. 하나의 몸짓에 지나지 않던 꽃이 이름을 불러 주었을 때 드디어 꽃의 의미로 다가오듯, 그림 속 인물이 역사에서 지금 독자의 마음에 입체적으로 되살아남을 경험하게 만든다. 사람들과 시 한 편 놓고 그 의미를 배우고 생각을 나누던 것처럼 이 책으로 초상화를 보며 그림뿐 아니라 역사를 배우고 인물에 대해 상상하며 이야기할 때, 서로 마음을 드러내고 공감하여 예술로 소통하는 즐거움이 있으리라 확신한다.

읽는 내내 코로나로 우울한 시절 마치 옆에서 조근조근 초상화 안의 사람을 설명하며 '이 사람도 힘들게 살았어. 우리도 힘들지만 씩씩하게 살아 보자'라고 용기를 주는 저자의 목소리가 들리는 건 착각이 아니라 진심이 책 속에 가득하기 때문이리라. 방대하고도 세세한 설명과 느낌을 강요하지 않는 문체로 읽는 이를 스스로 즐거움의 길로 달려가게 하는 이 책을 쓰신 저자께 깊은 감사의 마음을 전한다. 다음 저서를 벌써 기대하는 독자를 넘어 팬이 되게 만든 책을 올 성탄절 선물로 정했다. 책 읽는 즐거움, 그림 보는 즐거움, 역사를 아는 즐거움이 번져갈 것을 기대하며…

박윤희
전문 번역가이면서 여명학교 교사

　김인철 교수의 신작 〈초상화로 읽는 세계사〉는 역사와 세상의 변화를 담은 초상화에 담겨있는 이야기와 그 초상화를 그린 화가들의 이야기를 풀어놓은 책으로 전문적이면서도 흥미있고 재미있는 책이다. 이 책은 15세기 후반 피렌체 도시국가를 지배했던 메디치가의 쥴리아노 데 메디치와 시모네타 베스푸치 초상화, 이 초상화를 남긴 대화가 산드로 보티첼리로부터 시작하여 프랑스 혁명으로 단두대의 형장의 이슬로 사라진 우리가 잘 아는 루이 16세와 왕비 마리 앙투아네트, 유럽 여러 나라를 전전하며 파란만장한 삶을 살다가 1851년 폐렴으로 사망하는 그들의 장녀 마리 테레즈 샤를롯에 이르기까지 영국과 프랑스의 혁명 시기에 해당하는 당대 주요 인물들을 그린 인물화, 초상화에 집중하고 있다.

　김 교수가 이번 글에서 매우 자세하게 인물들과 인물들이 살았던 그 시대를 마치 그 시대에 살았던 사람처럼 세밀하게 묘사하고 있어서 그의 해박함에 놀라게 된다. 이 책을 읽으면 우리가 세계사 교과서 속에서 이름으로만 알았던 유명인의 실제 초상화를 보며 김 교수가 어디서 이런 그림들을 발굴했을까, 어떻게 그림들을 선정했을까 하며 그의 혜안에 또다시 놀란다. 천일의 앤으로 잘 알려진 앤 볼린, 헨리 8세, 왕비 아라곤의 캐서린, 제인 시무어 등의 이야기, 해가 지지 않는 나라 영국을 만들었던 엘리자베스 1세의 초상화와 관련 이야기, 게다가 당시 역사를 이끌어 갔던 딱딱한 남자들만의 이야기에 그치지 않고 그들의 연인, 애인, 정부 등 여자들에 관한 이야기도 동등한 비중을 두어 자칫 역사 백과사전으로 흐를 상황으로부터 이 책을 구출해낸다.

세기인 미인이자 영국 넬슨 제독의 정부 엠마 해밀턴(엠마 하트), 루이 15세 총희(寵姬) 마담 퐁파두르, 장-폴 마라를 살해한 미모의 '암살 천사' 샤를롯 코르데, 마리 앙투아네트 장녀 마리 테레즈 샤를롯의 인물화에 이르기까지 정말 흥미진진하게 스토리가 전개된다. 그리하여 자칫 가볍게 현대를 살아갈 수 있는 현대인들에 일독을 권한다. 특히 수능을 끝마치고 시험에 안 나오는 재미있는 이야기에 굶주려 있을 우리 수험생들과 그들을 뒷바라지하며 고생했을 부모님들에게도 권하고 싶다.

박인종

고려대학교 교육대학원 교수, 온평생교육연구소 대표

목 차

쥴리아노와 시모네타 베스푸치

여기 실린 초상화 두 점 속에는 적지 않게 흥미로운 인문학적 스토리가 담겨 있다. 스토리의 주인공은 르네상스를 대표하는 피렌체라는 도시국가와 그곳을 지배했던 메디치가(Medici family) 그리고 그들 가문의 대표적인 인물이었던 쥴리아노 데 메디치(Giuliano di Piero de Medici, 1453~1478), 그가 사랑했던 당시 피렌체 최고의 여인 시모네타 베스푸치 및 두 사람을 존귀하게 여겨 공들여 그림으로 남긴 대 화가 산드로 보티첼리(Sandro Botticelli, 1445~1510)이다.

이야기는 교황 식스투스 4세로부터 시작된다. 그는 자신의 출신 가문(Rovere and Riario families)에게 피렌체의 권좌를 안겨주기 위하여 '파치가의 음모(Pazzi Conspiracy)'를 주도한다. 그의 교묘한 술책은 피렌체의 또 다른 권력 가문 파치가(Pazzi family)를 이용하는 것이었고, 음모의 실천은 순조롭게 진행되었다. 이 과정에는 추기경까지 동원되었고, 집권자 메디치 가문의 로렌초(Lorenzo de Medici, 1449~1492)는 물론 그와 늘 함께 행동하던 동생 쥴리아노의 제거를 목표로 진행되었다. 사건은 결국 실패로 끝났지만, 아쉽게도 피렌체의 모든 이가 좋아하던 쥴리아노가 비참하게 죽고 말았다. 그러자 이에 분노한 시민들이 들고 일어나 주모자들을 철저하게 응징했다.

그렇다면 쥴리아노 데 메디치는 어떤 인물이었을까. 그는 당시 피렌체를 다스리던 공작 로렌초의 동생으로, 자신의 메디치 가문은 물론 그들의 도시 피렌체의 '총아(寵兒)'였다. 언제나 멋지게 구불거리는 검은 머리

쥴리아노의 초상(Portrait of Giuliano de Medici), Sandro Botticelli, 1478, 57.1×38.4cm, Gemäldegalerie, Berlin

시모네타 베스푸치의 초상(Portrait of Simonetta Vespucci as Nymph), Sandro Botticelli, c. 1480, 82×54 cm, Städel Museum, Frankfurt

에 짙은 갈색의 눈동자를 지녔고, 성격은 늘 밝았다고 한다. 우아하고 멋졌으며 품성도 관대하여 사람들은 그를 최고의 기사로 불렀다. 그랬던 까닭에 그는 피렌체 시민의 우상이 되어 '젊음의 왕자'라는 또 다른 별명도 얻었다. 게다가 스포츠에 만능이었으며, 야외에서의 생활을 좋아하여 승마, 사냥, 낚시, 결투를 즐겼다. 그렇지만 집으로 돌아와서는 조용히 책을 들고 시를 읽으면서 멋진 목소리로 노래를 잘 불렀다고 한다. 한마디로 재능과 열정이 넘치는, 그야말로 르네상스적인 젊은이였다.

그의 형 로렌초 역시 그들의 아버지 피에로(Piero di Cosimo de Medici)가 사망했을 때 동생과 함께 보내는 시간을 줄이면서 국가의 정치를 책임지려는 자세로 임하여 피렌체 시민들에게 큰 감동을 주었다. 그리하여 그는 시뇨리아 디 피렌체(Signoria di Firenze, 피렌체 행정부)의 대표가 되어 도시에 충성을 다짐하며 시정을 완벽하게 장악하기 시작했다.

그런 형에게 큰 도움이 되었던 존재가 바로 쥴리아노였다. 그런데 그 동생이 음모에 의해 미사 도중 칼을 맞고 그 자리에서 죽임을 당했다. 그리하여 이른바 '파치가의 음모'에 대한 즉각적인 보복이 피렌체 시민들의 손으로 집행되었다. 직접적인 주모자는 붙잡혀 목매달렸고, 관련자들이 잇따라 처형되면서 피렌체의 아르노(Arno)강에는 핏물이 넘쳤다.

암살당할 당시 쥴리아노는 불과 25세였고 미혼이었다. 매우 낭만적인 존재이기도 했던 그는 자연스럽게 '피렌체의 미녀'로 여겨진 시모네타 베스푸치(Simonetta Cattaneo Vespucci, 1453~1476)라는 여인과 연결되었다. 시모네타와 보티첼리의 이야기는 보티첼리의 명작 '비너스의 탄생(The Birth of Venus, Uffizi Gallery, Florence)'에 담겨 있는데, 그녀는 보티첼리가 평생 운명으로 여기며 그려 남긴 귀족 출신의 모델이기도 했다. 쥴리아노의 시모네타에 대한 연모(戀慕)는 그녀가 정략적으로 다른 남자와의 결혼을 결정했을 때도 줄어들지 않았다. 그리하여 시모네타가 1476년 불과 22세의 나이로 먼저 세상을 떠났을 때 그는 식음을 전폐했을 정도로 상심에 빠졌다.

한편, 결혼은 하지 않았지만 쥴리아노에게는 피오레타 고리니(Fioretta Gorini)라는 애인이 따로 있었다. 그리고 둘 사이에 아들 쥴리오(Giulio)가 있었는데, 아이는 아버지의 비극적 죽음 한 달 후 세상에 태어났다. 소년 쥴리오는 큰아버지 로렌초와 큰어머니 클라리체(Clarice)의 사랑과 양육 속에 훌륭하게 성장하여 나중에 교황 클레멘트 7세가 된다.

한편 시모네타 베스푸치를 사모했던 화가 보티첼리는 대위(代位)로 삼아 스스로 그렸던 그림 속에 자신의 얼굴을 집어넣었다. 그것은 보티첼리의 또 다른 자화상으로, 메디치가 사람들과 함께 있는 장면 속에서 볼 수 있는데 그것이 바로 '동방박사의 경배'이다. 화면 속 메디치가의 인물 중 오른쪽 끝 노란색 복장을 하고 있는 남자가 바로 보티첼리이다. '젊은 남자의 초상' 역시 시모네타의 초상을 마주하는 식의, 대위로 자신을 그린 것으로 여겨진다.

산드로 보티첼리

산드로 보티첼리(Sandro Botticelli, 1445~1510)는 이탈리아 초기 르네상스를 대표하는 화가로 피렌체의 보르고 오니산티(Borgo Ognissanti) 거리에서 태어나 평생 그곳에서 살았고, 죽어서도 그곳 교회에 묻혔다. 그가 고향을 떠났을 때는 1474년 피사로 가서 작업했을 때와 1481년부터 2년간 로마의 시스틴 예배당 그림을 그렸을 때였다.

그는 피혁업자, 즉 무두장이의 여럿 아이 중 막내로 태어났지만 정확한 출생 연월은 알 수 없다. 다만 아버지가 받은 세금 환급의 기록(1447년)에 그를 열세 살로 썼기 때문에 이를 근거로 그의 나이를 추정할 뿐이다. 그의 아버지가 1460년 가죽 관련 일을 그만두고 금박(金箔) 기술자가 되면서 가족은 여러 미술인과 인연을 맺기 시작했다. 〈르네상스 미술가 열전〉을 쓴 지오르지오 바사리(Giorgio Vasari)는 그 무렵 보티첼리가 금속 세공을 배우기 시작했다고 언급했다. 당시 그가 살던 동네의 이웃들은 거의 직물과 직조 관련 일에 종사하던 평범한 사람들이었고

젊은 남자의 초상(Portrait of a Young Man),
Sandro Botticelli, c. 1483, 43.5×46.2cm,
National Gallery of Art, Washington D.C.

그중 부유한 가문은 자신들의 건축물(Palazzo Rucellai)까지 만들었던 루첼라이(Rucellai) 가문이
었다. 보티첼리 가족은 이웃과 함께 1446년부터 1451년까지 루첼라이 가문의 집을 빌려서
살았다. 1464년 아버지는 비아 누오바 근처의 집을 구입했고, 그곳에서 화가 산드로는 형제
들과 함께 1470년부터 죽을 때까지 살았다. 그때 이웃 중 귀족 가문이 베스푸치가로, 바로 아
메리고 베스푸치(Amerigo Vespucci)를 배출한 집안이었다. 베스푸치가는 메디치가와 친하게
지내면서 나중에 보티첼리를 주로 후원했다.

한편, 보티첼리는 그의 예명으로, 그 뜻은 '작은 술통'인데, 이는 바로 위의 형이 보티첼리의
통통한 모습을 보고 붙인 것으로, 나중에 그를 부르는 정식 호칭(Sandro Mariano Botticelli)이
된다. 그는 1461년 무렵부터 당시 피렌체를 대표하던 화가 필리포 리피(Fra Filippo Lippi)의 문
하생이 되었다. 그리하여 보티첼리의 초기 작품에서는 스승의 영향을 적지 않게 엿볼 수 있
다. 이어 1469년, 리피가 세상을 떠나면서 보티첼리는 자신의 작업실을 갖게 되었고, 작품
주문도 받았다. 그러면서 1472년 스승의 아들 필리피노 리피(Filippino Lippi)를 자신의 도제로
삼았다.

동방박사의 경배(Adoration of Magi), Sandro Botticelli, c.1476, 111×134cm, Uffizi, Florence

1474년 초부터 보티첼리는 피사(Pisa)로 가서 한 성당의 프레스코 작업을 했고 이 일로 인하여 그의 명성은 피렌체를 넘어 외부로 알려지기 시작했다. 당시 피렌체를 중심으로 대부분 지역 주요 건물에는 프레스코(fresco)화로 장식하는 일이 유행이었는데 그 중 상당수가 유실되어 보티첼리가 그린 그림 역시 아쉽게도 거의 사라졌다. 그중에는 1478년 메디치가를 표적으로 이루어졌던 '파치가의 음모'의 결과, 주모자를 교수형에 처한 그림도 있었다고 하는데 이는 작가가 처음 주문받은 공식적인 작업이었다. 그렇게 손실되어 사라진 작품 중에는 다수의 톤도(Tondo, 원형 그림)들 역시 있었다고 한다.

드디어 1480년 베스푸치 가문이 보티첼리에게 자신들이 소유했던 교회이자 그의 가족 역시 예배드리던 오니산티 성당의 성 오거스틴(Saint Augustine)을 그리라고 보티첼리에게 주문했다. 이때 도메니코 기를란다이오(Domenico Ghirlandaio)에게는 마주 보는 위치에 성 제롬(Saint Jerome)을 그리도록 했다.

1481년, 교황 식스투스 4세는 다른 피렌체 작가들에게 새롭게 건립된 로마의 시스틴 예배당(Sistine Chapel) 벽을 프레스코로 장식할 것을 공식적으로 의뢰했다. 그리하여 보티첼리는 주로 교황들의 모습이 나타나는 작업을 했는데 내용은 '유혹당하는 그리스도(Temptation of Christ)'와 같은 것이었다. 그가 그린 작품들이 아직 남아 있음에도 잘 알려지지 않은 이유는 바로 그 이후 나타나 작업을 독점했던 미켈란젤로 때문이다.

1482년과 1485년 무렵 보티첼리는 현존하는 세계적 명작이며 르네상스의 아이콘들이라 할 수 있는 '봄(Primavera)'과 '비너스의 탄생(The Birth of Venus)'을 그렸다. 종교화로 시작한 그의 작품 세계는 이후 주로 크고 작은 그리스 신화 주제의 그림으로 넘어갔다. 이 그림들은 대부분 이웃이었던 베스푸치가로부터 주문받아 그린 것이다.

그가 1482년 로마에서 돌아와 그곳에서 작업했던 것들을 다시 살피면서 새로운 모색을 하고 있을 무렵 미술계를 냉소적으로 여기던 야심가 레오나르도 다 빈치(Leonardo da Vinci)가 새롭게 등장했다. 하지만 그 무렵 피렌체를 이끌던 화가들은 기를란다이오, 필리포 리피와 보티첼리였다. 또한 보티첼리는 성모 마리아 그림을 여러 점 그린 작가로도 유명한데 그 중 대표적인 것이 1485년 로마에서 작업한 바르디 제단화(Bardi Altarpiece)의 성모이다.

보티첼리는 적지 않은 수의 초상화를 그렸는데 그중에는 이상화한 여인상들 역시 포함된다. 그러면서 사람들은 그의 이웃이자 귀족 여인으로 1476년 22세라는 젊은 나이로 죽은 시모네타 베스푸치(Simonetta Vespucci)를 자주 언급한다. 그렇지만 그가 추구했던 이상화 작업은 아무래도 성모 마리아 그림들에 요약되어 있다. 그렇게 그린 여인들 모습은 대체로 옆모습이며 정면 묘사는 드물다. 그리고 슬쩍 자기 모습도 그려 넣었는데 이는 예상 밖의 재미있는 자화상이 되었다.

아울러 보티첼리는 같은 피렌체 출신이었던 시인 단테(Dante Alighieri)에게 평생 흥미와 관심을 갖고 있었다. 그리하여 단테의 출판물에 삽화를 넣고 디자인을 하고자 했는데 아마 완전히 맡아 작업하지 못했던 것 같다. 단테의 〈신곡(神曲)〉은 보티첼리의 기본 레이아웃에 의하여 발디니(Baldini)가 판각 삽화를 새기고 그렸지만 그리 성공적이지 못했다. 이를 만회하기 위하여 보티첼리는 양피지에 단테가 그려진 호화 필사본을 쓰기 시작했는데, 시간이 지남에 따라 대부분 훼손되었고 93쪽(32 x 47cm) 분량이 현재 바티칸 도서관과 베를린에 나뉘어 보관 중이다.

보티첼리는 말년에, 당시 피렌체의 사상을 이끌던 도미니코회 소속 탁발 수도사 지롤라모 사보나롤라(Girolamo Savonarola)에 빠져 지냈다. 그림 그리기까지 포기하면서 그를 따르다 보니 수입이 없는 신세가 되어 배를 곯을 정도였음에도 수도사의 추종자 중 중요한 역할까지 떠맡았다고 한다. 1502년, 사보나롤라의 죽음 이후 보티첼리는 다시 붓을 들었고, 고전적 주제로 돌아왔지만 예전의 명성을 회복하기 어려웠다. 아무튼 그림을 그려 많은 돈을 벌었던 그는 아버지의 집을 물려받아 죽을 때까지 살았는데 그가 죽은 후 집은 조카들의 소유가 되었다.

보티첼리는 결혼에 대해서 거부 반응을 갖고 있었고 평생 독신이었기 때문에 사람들은 그가 동성애자였을 것이라고 추측한다. 르네상스 때의 그림이 많이 남아 있고 작가가 적지 않은 만큼 연구자 또한 많아서 그의 동성애 관련 가설은 차고 넘친다.

영국의 미술과 공예 운동을 이끌었던 비평가 존 러스킨(John Ruskin)은 보티첼리가 시모네타 베스푸치와 가까운 사이였다고 주장한다. 둘의 사이는 플라토닉한 관계였고, 보티첼리가 죽을 때 먼저 죽은 시모네타의 무덤 발치에 자신을 묻어달라는 유언을 했다는 것이다. 결국 1510년 세상을 떠난 그는 소원대로 같은 베스푸치 가문의 소유의 오니산티 묘지에 묻혔다. 보티첼리의 소원대로 장사 지냈는지는 분명하지 않지만 그들 가족은 이웃이었고 같은 교회에 출석했기 때문에 죽어서도 같은 교회 경내에 묻힐 수밖에 없었을 것이다.

교황 클레멘트 7세와 헨리 8세

　잉글랜드 국왕 헨리 8세를 비롯하여 그의 여인들, 즉 왕비들 이야기는 살펴볼수록 흥미롭다. 게다가 당시 헨리 8세를 중심으로 잉글랜드의 역사 및 주변 국가들과의 관계 등을 살펴보면, 그가 매우 중요한 사람이었음을 알게 된다.

　그에게는 많은 일이 있었는데 그중 대표적인 스캔들로, 자신의 재혼에 따른 영국 국교회(성공회, 聖公會, Anglicanism, Episcopal Church)가 만들어지는 과정을 들 수 있다. 한 국가의 종교가 바뀌는 역사 속에서 교황 클레멘트 7세(1478~1534)가 나타나는데 그는 누구였던가. 바로 자신의 가문에게 권력을 주고자 교황 식스투스 4세가 꾸몄던 '파치가의 음모'로 잔인하게 피살되는 피렌체의 권력자 로렌초의 동생 쥴리아노의 아들이었다. 피렌체에서 이루어졌던 비극적 드라마 속 주인공 쥴리아노 메디치의 아들, 즉 교황 클레멘트 7세는 당연히 헨리 8세의 재혼을 허락할 수 없었고, 결국 잉글랜드에서 가톨릭이 폐지되고 영국 국교회 성공회가 만들어지는 역사가 이루어졌다.

　헨리 8세(1491~1547)는 아버지 헨리 7세의 둘째 아들로, 원래 왕세자가 아니었다. 그의 형 아서 튜더(Arthur Tudor)가 왕위 계승자였지만 아서가 이른 나이에 돌연 사망하자 왕세자 자리를 물려받았다. 아울러 형수였던 왕비 캐서린과 결혼하게 된다. 그는 공식적으로 잉글랜드의 국왕(재위 1509~1547)이자 아일랜드의 영주(재위 1541~1547)였다. 또 1509년부터 사망할 때까지 아일랜드와 프랑스의 왕위 소유권을 주장했고, 아버지 뒤를

교황 클레멘트 7세(Pope Clement VII), Sebastiano del Piombo, c. 1531, 105.4×87.6cm, Getty Center, Los Angeles, California

이어 튜더 왕가로는 두 번째 왕이었다.

　그는 형수인 왕비 캐서린(Catherine of Aragon)과 결혼하여 딸 메리 튜더(Mary Tudor, 메리 1세)를 두었지만 아들이 없어서 결혼 20년 후부터 별거하기 시작했다. 그리고 1520년대 초 무렵부터 자신의 정부였던, 왕비의 시녀 앤 볼린(Anne Boleyn)과 혼인하려고 하였으나 교황 클레멘트 7세가 이를 허락하지 않자 로마 교황청과 오래도록 갈등을 겪었다.

　헨리 8세는 고심 끝에 교황과의 결별을 선언하고 1534년 수장령(首長令)을 내려 잉글랜드 교회를 로마 가톨릭 교회에서 분리했다. 이어 자국 내 가톨릭 교회와 수도원들을 해산하고 그곳들의 부속 영토와 재산을 몰수했다. 하지만 역설적으로, 본래 그는 가톨릭에 충실했던 인물이었기 때문에 14세기부터 펼쳐진 종교개혁 운동을 강력하게 탄압하기도 했었다.

　결국 두 명의 왕비와의 이혼은 물론 그들을 처형했으며, 토머스 모어(Thomas More), 토머스 크롬웰(Thomas Cromwell) 등 능력 있는 시종과 공신들 또한 사형시키는 무리를 하면서 왕실에 집중되는 비판을 막았다. 그 결과 잉글랜드에 비로소 중앙 집권 체제가 강화되어 절대 왕정이 확립되었으며 잉글랜드와 웨일스(Wales)의 통합을 이끌기도 하였다. 게다가 그는 청년 시절부터 르네상스적 인물로 일컬어지면서 궁정을 매우 화려하게 꾸몄고 학문과 예술 혁신의 중심지로 만들었으며, 스스로 뛰어난 음악가, 작가, 시인이기도 했다. 운동에도 탁월한 재능을 발휘하였으며, 무예와 마상 경기, 사냥, 테니스 실력이 대단했다고 한다.

　초창기에 헨리 8세는 독실한 로마 가톨릭 신자로 신앙심이 깊어 일찍이 마르틴 루터(Martin Luther)를 비판한 〈일곱 성사의 옹호(Defense of the Seven Sacraments)〉를 저술하기까지 했다. 이에 대한 공로로 교황 레오 10세로부터 '신앙의 옹호자'라는 칭호를 받았다. 이때의 호칭 '신앙의 옹호자'는 종교개혁으로 잉글랜드 교회가 로마 가톨릭으로부터 분리된 후에도

헨리 8세의 초상(Portrait of Henry VIII), Hans Holbein the Younger, 1537, 239×
134.5cm, Walker Art Gallery, Liverpool

후계자들에게 대대로 이어져 현재 영국 군주도 사용 중이다.

헨리 8세는 로마 교황청으로부터의 파문을 불사하며 앤 볼린과의 결혼을 감행했지만, 실제로는 가톨릭의 근본 교리와 전례를 인정했었다고 한다. 그리하여 잉글랜드에서의 본격적인 종교개혁은 그의 후계자인 에드워드 6세와 엘리자베스 1세 때 이뤄졌다.

세바스티아노 델 피옴보

세바스티아노 델 피옴보(Sebastiano del Piombo, 1485~1547)는 이탈리아 르네상스 전성기 및 말기에 해당되던 매너리즘(Mannerism) 시기에 활약했다. 그는 자신이 처음 교육받았던 베니스의 혁신적인 색채를 로마 스타일에 접목시켰던 화가였다. 로마로 온 그는 베니스에서 온 세바스티안이란 뜻의 세바스티아노 베네치아노(Sebastiano Veneziano) 또는 비니치아노(Viniziano)로 불리면서 교황권을 상징하는 도장과 문장을 관리하는 역할을 했다. 이때 별명이 델 피옴보(del Piombo)였

세바스티아노 델 피옴보

는데 이는 '지도자로의'라는 뜻으로, 그가 맡았던 일에서 비롯된 것이었다. 당시 그의 친구들이었던 미켈란젤로와 아리오스토(Ariosto)는 그를 두고 프라 바스티아노(Fra Bastiano)로 불렀는데 이는 바스티안 형제(Brother Bastian)라는 의미이다.

기법에서 그리 뛰어나지 않아 남긴 작품도 적은 화가였지만 언제나 교황 옆에서 시중들면서 탁발 수사로 성령을 직접 받들어 모시던 그에게는 아내와 자식들이 있었다. 아무튼 그가 그렸던 작품 대부분은 초상화였고 가끔 로마의 풍경을 그렸지만 매너리즘 화가로 분류된다.

베니스에 있을 때 성공한 젊은 류트(lute) 연주자였던 세바스티아노는 지오반니 벨리니(Giovanni Bellini)와 지오르지오네(Giorgione)와 함께 그림을 배우면서 화가로 변신했다. 처음 로

마로 왔을 때 미켈란젤로와 함께 유명한 화가 라파엘로를 돕는 처지였지만 이때 미켈란젤로는 그 역시 대단한 화가가 될 수 있다며 격려를 아끼지 않았다. 주목할 만한 일은 그가 당시 라파엘로와 미켈란젤로가 매우 숙달했던 프레스코 기법에서 탈피하여 유화(油畫)에 의한 종교화, 초상화를 그렸다는 사실이다. 하지만 그는 베니스에서 지오르지오네와 같은 탁월했던 화가들에게 명성이 가려졌듯이 라파엘로와 미켈란젤로가 있던 로마에서도 같은 일을 겪었다. 1520년 라파엘로가 세상을 떠난 후에야 로마에서 가장 앞서가는 화가의 위치에 올라설 수 있었다. 그러나 곧이어 자신보다 뛰어난 제자들, 그리고 기막히게 잘 베끼는 모사 화가들에게 또다시 뒷전으로 밀리게 되었다.

지오르지오 바사리가 쓴 〈르네상스 미술가 열전〉을 보면, 그 역시 세바스티아노를 알았지만 그리 자세히 설명하지는 않았다. 그의 묘사에 의하면 세바스티아노는 피아자 델 포폴로(Piazza del Popolo) 근처의 좋은 집에서 살면서 방문객들과 늘 유쾌한 시간을 가졌다고 한다. 매우 친한 사이였던 미켈란젤로가 1519년 세바스티아노의 첫째 아들을 위한 대부가 되었고 교황청과 긴밀했던 사이였던 덕분에 라파엘로가 죽은 후 미켈란젤로로 하여금 바티칸의 작업을 맡도록 힘이 되어주었다고 한다. 따라서 미켈란젤로의 여러 작업은 세바스티아노의 주선과 관련이 깊다고 할 수 있다.

한스 홀바인 2세

한스 홀바인 2세(Hans Holbein the Younger, c. 1497~1543)는 16세기 북유럽 르네상스를 대표하던 유명한 초상화가였다. 아울러 그는 종교화, 풍자화를 비롯하여 종교개혁 관련 그림은 물론 책 디자인과 판화에도 뛰어났다. 그의 아버지는 후기 고딕 양식을 대표하던 화가 한스 홀바인 1세(Hans Holbein the Elder)였다. 아우크스부르크(Augsburg)에서 태어난 그는 주로 바젤(Basel)에 머물면서 작업했기 때문에 독

한스 홀바인 2세

헨리 8세의 초상, 흉상(Portrait of Henry VIII), Hans Holbein the Younger, c.1537, 28×20cm, Thyssen-Bornemisza Museum, Madrid

일 출신의 스위스 화가로 일컬어진다. 처음에는 기독교를 주제로 한 벽화, 성당의 스테인드 글 래스와 책 디자인 작업을 했으나 점차 초상화를 그리면서 이름이 알려지기 시작했다. 그가 유 명하게 된 계기는 로테르담(Rotterdam)의 인문주의 학자 에라스무스(Desiderius Erasmus)를 그 리면서였다. 당시 그가 추구했던 후기 고딕 양식은 이탈리아, 프랑스, 네덜란드의 양식에 르네 상스의 인문적 정신이 혼합되어 미적으로 잘 다듬어진 방향으로 나아갔다.

한스 홀바인 2세는 1526년 에라스무스의 권고를 받아들여 영국으로 갔는데 이때 그곳의 인 문주의 모임의 중심 인물이었던 토마스 모어로부터 환영받으면서 다시 명성을 쌓기 시작했 다. 이어 토마스 크롬웰과 앤 볼린의 지원을 받으면서 4년을 영국에서 보내던 그는 결국 국왕 헨리 8세의 전속 화가가 되었다. 그는 초상화 그리기는 물론 축제 장식과 귀금속, 도자기를 비 롯한 공예품 디자인까지 맡았다. 아울러 국왕의 주도로 그가 그렸던 왕족, 귀족의 그림들은 영국 국교회의 중요 재산으로 등재되었다.

하지만 자신을 크게 후원하던 크롬웰과 앤 볼린 등이 권력을 잃고 사형당하면서 한스 홀바인 2세는 궁정에서의 위치를 잃고 말았다. 이후에는 그때까지 쌓아온 유명세로 인하여 그나마 왕족, 귀족 등의 초상화를 그리면서 영국에 계속 머물렀다. 그러면서 가족을 만나기 위하여 가끔 바젤을 방문한 것으로 여겨지는데 고향 지역에서의 그의 명성은 사라진 상태였다. 부인과의 관계 역시 그리 끈끈하지 못했지만, 가족이 만족한 삶을 살 수 있도록 충분한 지원을 이어갔다고 한다. 그는 45세의 나이로 역병에 걸려 세상을 떠났다.

한스 홀바인 2세가 매우 유명하던 시절, 그의 작품을 본 프랑스 시인이자 개혁가 니콜라 부르봉(Nicholas Bourbon)은 그를 두고 우리 시대의 아펠레스(Apelles, 마케도니아 알렉산더 대왕의 전속 화가)라며 칭송했다. 게다가 그는 어떤 유파에 기울지 않았던 작가이기도 했지만 아쉽게도 그가 죽은 후 많은 작품이 사라지고 말았다. 19세기 들어 그의 작품들이 초상화를 중심으로 다시 언급되면서 한데 모아졌고 그의 명성이 다시 확인되어 세계 여러 곳에서 전시가 이어지고 있다.

그의 회화 세계는 사실주의의 하나라고 할 수 있지만, 반면에 독특한 면모 역시 발견할 수 있다. 특히 그가 그렸던 에라스무스를 비롯한 유명인의 초상화들은 사실성에 있어서 당시의 그 누구도 따를 수 없었다. 하지만 그는 자신의 작업 결과에 만족하지 않았고, 더욱 발전시켜 미술에서의 상징주의와 암시성(allusion), 역설(paradox)의 기초까지 구축했다.

아라곤의 캐서린과 앤 볼린

헨리 8세의 형수였다가 부인이 되는 아라곤의 캐서린(Catherine of Aragon, 1485~1536)은 괜찮은 인격의 왕비로 궁에서 나름대로 신망을 얻고 있었다. 그녀는 카스티야의 이사벨 1세와 아라곤의 페르난도 2세의 막내 딸이었다. 스페인과의 동맹을 위한 정략 결혼에 의하여 잉글랜드로 시집 왔던 현숙한 여인이었다. 아들을 낳지 못했다는 이유로 헨리 8세에 의하여 배척당했지만 그렇게 된 이유는 따로 있었다.

헨리 8세는 불과 열일곱 살이라는 나이에 결혼과 더불어 왕위에 올랐다. 그런데 자신의 의지와 상관없이 이루어진 왕실의 결혼 추진에 약간의 불만을 갖고 있었다. 그는 아버지 헨리 7세가 왕위에 오르기 전에 왕국 내에서 왕위 계승 전쟁(장미 전쟁, Wars of the Roses)을 겪었던 사실 역시 가슴에 새기고 있었다. 그 때문에 아들을 낳지 못하는 왕비 캐서린으로 인하여 점차 조급해지기 시작했다. 그들 사이에 자식이 없지는 않았다. 그들의 슬하에는 딸 메리가 있었다. 하지만 헨리 8세는 젊은 앤 볼린에게 눈을 돌리기 시작했고 관심은 점점 더 심해져 마치 집착처럼 이어졌다. 이들의 관계는 아들을 원하고자 했던 필요와 왕권을 물려받게 되는 이의 어머니라는, 서로의 야욕이 맞물려 매우 구체적으로 깊어져만 갔다.

왕비 캐서린의 시녀였던 앤 볼린(1501?~1536)이 나중에 받게 되는 공식 칭호는 헨리 8세의 제1 계비이자 엘리자베스 1세의 생모이다. 한편, 앤의 아버지는 외교관 토머스 볼린(Thomas Boleyn, 1st Earl of Wiltshire)이었고 어머니는 명문 하워드 가문의 엘리자베스였다. 이후 헨리 8세의 다섯 번째 왕비가 되는 캐서린 하워드(Catherine Howard)는 엘리자베스 하워드의 외삼촌 에드먼드 하워드(Lord Edmund Howard)의 딸이었다.

앤 볼린의 언니 메리 볼린(Mary Boleyn) 역시 헨리 8세의 정부였지만, 그것은 짧은 기간이었고 메리는 이후 윌리엄 캐리(William Carey)의 부인이 되었다가 남편이 죽은 후 윌리엄 스태포드(William Stafford)와 재혼한다.

앤은 총명하고 재치 있는 성격으로, 어린 시절부터 프랑스 궁정에서 공부하며 예절을 배웠기 때문에 프랑스어와 라틴어에 능숙했다. 그녀는 루이 12세의 왕비 메리 튜더(Mary Tudor, 헨리 8세의 여동생)의 시녀였는데 루이 12세가 죽고 프랑수아 1세가 즉위하자 그의 왕비 클로드(Claude of France)의 시녀가 되었다. 그리하여 그녀는 적지 않은 기간 프랑스에서 보내면서 그곳의 옷차림을 비롯하여 문학, 음악 등의 관습이 몸에 배어 있었다.

1521년경 그녀는 오몬드 공작(Earl of Ormond)과의 결혼을 위해 고국으로 돌아왔는데, 그 혼인은 지참금 등의 문제로 결국 없던 일이 되었고, 이후 왕비 캐서린의 시녀가 되었다. 그러던 중 노섬브리아 공작의 후계자 헨리 퍼시(Henry Percy)와 사랑에 빠져 다시 결혼을 약속한다. 그러나 이 일마저 토머스 울시 추기경(Cardinal Thomas Wolsey) 등의 반대로 이루어지지 못했다.

앤 볼린은 미인의 요소로 여겨지던 금발은 아니었지만, 진갈색 머리와 눈을 가져 매력적이었다고 한다. 게다가 당시 유행의 최첨단을 걸었던 프랑스 궁정에서 받은 교육 덕분에 매우 세련된 여인이었다. 헨리 8세는 앤의 언니에게서 눈을 돌려 그녀에게 유혹의 마수를 뻗쳤다. 반면에 앤은 헨리 8세로 하여금 그녀가 왕자를 낳아 줄 것이라는 희망을 품도록 만들었다.

헨리 8세는 앤 볼린과 혼인을 추진하면서 동시에 왕비와 이혼하려 했다. 그러나 캐서린은 완강하게 저항했고 로마 교황 역시 강력하게 반대했

아라곤의 캐서린의 초상(Catherine of Aragon), 무명 작가, 18세기 초, 55.9×44.5cm, National Portrait Gallery, London

앤 볼린의 초상(Anne Boleyn). 무명 작가, 1584-1603, 54.3×41.6cm, National Portrait Gallery, London

다. 이는 당연한 일이었다. 그러자 헨리 8세는 종교개혁이라는 수단을 들고나와 잉글랜드 교회를 로마 가톨릭에서 분리했음은 물론 나아가 자신 스스로 교회의 수장이 되었다.

1529년 앤은 왕의 총애를 받으며 잉글랜드 궁정의 안방을 차지했다. 하지만 여러 모로 진실하여 사람들로부터 존경을 받던 캐서린 왕비를 쫓아낸 여자라는 낙인이 찍혔다. 1533년 1월 헨리 8세와 앤 볼린은 정식으로 결혼식을 올렸는데, 이때 앤은 이미 임신한 상태였다. 그리고 같은 해 6월 1일 앤 볼린은 호화로운 예식을 통해 잉글랜드 왕비로 즉위했다. 이어 9월 7일 딸 엘리자베스를 낳았다. 헨리 8세는 실망했으나 아들이 곧 생길 것이라며 희망을 잃지 않았다.

하지만 그후 앤이 유산을 반복했고, 부부 사이에 말다툼이 잦아지면서 왕의 마음은 차츰 앤으로부터 멀어져만 갔다. 그러면서 헨리 8세는 앤 볼린의 시녀 제인 시무어(Jane Seymour)에게 눈길을 주기 시작했고, 이때 처음부터 앤 볼린을 경멸하던 총리대신 토머스 크롬웰(Thomas Cromwell)이 제인 시무어를 지원하면서 왕비와 볼린가의 추락을 부추겼다.

결국 1536년 앤과 남동생(George Boleyn)을 비롯한 몇 명의 귀족 청년이 간통과 반역, 근친상간 혐의로 체포되어 런던탑에 갇히는 신세가 되었다. 심지어 앤은 주술적 방법으로 왕을 유혹했다는 혐의까지 뒤집어썼는데, 이에 대한 구체적인 증거가 없었음에도 그녀는 두 차례에 이어진 재판에서 모두 유죄 선고를 받았다. 그녀는 화형 대상이었으나 왕명에 의하여 참수로 감형되었다.

형이 확정되자 앤은 자신의 시녀(제인 시무어는 아님)에게 "내 목이 가늘어서 다행이다"라는 유명한 말을 했다고 한다. 그녀의 사형 집행에는 당시 흔히 쓰이던 도끼 대신 잘 드는 칼을 사용하기로 결정되었고 이를 위해 프랑스로부터 칼을 잘 쓰는 노련한 집행자를 데려오기까지 했다. 남

아라곤의 캐서린, 어린 시절 모습(Portrait of an Infanta. Catherine of Aragon), Juan de Flandes, c. 1496, 32×22cm, Thyssen-Bornemisza Museum, Madrid

동생이 처형되고 이틀이 지난 5월 19일, 앤 볼린은 런던탑에서 참수되었다. 죽기 전 그녀는 몰려든 사람들에게 힘을 다해 국왕에게 충성해달라는 짧은 연설과 함께 "주님께 제 영혼을 맡깁니다"라는 기도를 드렸다. 앤 볼린의 사형 집행은 단칼에 마무리되었다.

후안 데 플랑데스

후안 데 플랑데스(Juan de Flandes, 1496~1519)는 '플랑드르의 존'을 스페인식으로 부른 이름으로 실제 이름은 알려지지 않는다. 그렇지만 어떤 작품의 뒷면에 후안 아스트라트(Juan Astrat)라는 이름이 쓰여 있었는데 이는 플랑드르의 얀 반 데어 스트라트(Jan van der Straat)의 이름으로, 그는 1480년 무렵 겐트(Ghent)의 유명 작가이자 초기 네덜란드 회화 양식에서 중요한 인물이었다. 그는 아마도 1460년 무렵 스페인의 지배를 받던 현재의 베네룩스 3국의 대부분과

겹치는 플랑드르에서 태어난 것으로 보인다. 그
러면서 그곳 겐트에서 집중적인 미술 수업을 받
았는데 작품의 스타일은 주스 반 와센호프(Joos
van Wassenhove), 휴고 반 데어 구스(Hugo van der
Goes) 등 그곳 화가들과 유사했다.

그와 관련된 유일한 공식 기록은 카스티야의 이
사벨라 1세 여왕의 궁정 화가가 되었다는 사실이
다. 그는 1498년 공식 궁정 화가가 된 후 여왕이

죽던 1504년까지 직무를 수행했다고 한다. 따라서 그는 왕가의 초상화들을 그렸는데 대부분
그리 큰 그림들은 아니었지만, 제단화 양식에 여러 부분이 이어진 작품이었다. 이것들은 모두
하나씩 나뉘었는데 나뉜 그림들은 마드리드의 왕가 컬렉션에서 볼 수 있다.

그는 여왕이 죽은 이후 1505년부터 1507년까지의 살라망카(Salamanca)에서의 작업을 시작
으로 스페인 교회를 위한 그림을 그렸다. 그러다가 나중에 대대적인 대성당 재건축이 이루어
지고 있던 팔렌시아(Palencia)로 갔다. 1519년 12월 그는 아내를 모델로 하여 어떤 과부를 그
렸는데, 스페인 외곽 지역에서 그가 그렇게 그려 남긴 작품의 상당수는 종교적인 주제에 집중
했던 후반기의 작품들이었다. 팔렌시아 교회에서 그린 대형 제단화 패널은 각각 프라도 미술
관과 워싱턴의 내셔널갤러리에 나뉘어 보관 중이다.

그의 작품들은 스페인식이라고 할 수 있지만, 풍경화 기법은 초기 네덜란드 스타일이며 특히
제단화에서는 겐트 양식을 그대로 따른 구획과 구도를 볼 수 있다. 아울러 색채는 비교적 세
련되었으며 공간과 빛에 대한 감각은 정교하면서도 얇은 평면으로, 이후 매너리즘과 연결되
었다. 세월이 흘러 1521년, 오스트리아의 마가레트 부인을 통하여 후안 데 플랑데스의 연작
판넬(polyptych)을 본 독일 화가 뒤러(Albrecht Dürer)는 매우 감탄했다고 한다. 뒤러는 그 연작
을 비롯하여 40점의 소형 유화 작품들을 보고 그 정밀함과 함께 탁월한 완성도에 감동했다는
글을 남겼다.

제인 시무어

헨리 8세는 장자(長子) 상속을 위하여 아들만을 갈망한다는 구실로 왕비들을 수차례 바꾼 국왕으로만 알려져 있다. 하지만 국정에 소홀했던 사람은 절대 아니었다. 사냥, 마상 창 겨루기, 춤, 시 쓰기 등 각종 운동과 예능에 소질이 있던 그는 라틴어, 스페인어, 프랑스어 등을 자유롭게 구사하며 당시의 석학들과 철학, 천문학과 신학 등을 수시로 토론했다. 이를 두고 당시 최고의 지성이었던 네덜란드의 대학자 에라스무스(Desiderius Erasmus) 역시 그를 매우 칭찬했다고 한다.

그의 대표적인 치적 중 하나로, 외교 능력을 기반으로 한 국력의 신장을 들 수 있다. 즉 군사력을 동원한 실력 행사로 국가의 위상을 드높인 왕이었다. 집권 초기 로마 교황청과 신성로마제국과의 동맹을 맺어 프랑스의 루이 12세에 맞서 전쟁에 돌입하여 승리했으나 적지 않은 국고를 탕진한다. 이때 스코틀랜드의 왕 제임스 4세가 자신의 누나(Margaret Tudor)와 결혼한 사이였으면서도 프랑스 편을 들었다는 이유로 헨리는 그들 역시 손을 보게 된다. 헨리 8세는 국경에서 벌어졌던 플로든 전투(Battle of Flodden)에서 매형이었던 국왕을 포함한 귀족 등 1만 명의 스코틀랜드군을 거의 전멸시키고 에든버러(Edinburgh)까지 쳐들어가 유린했다. 이 전투의 패배로 스코틀랜드는 거의 회복 불능의 상태에 빠진다.

1536년에는 웨일스를 잉글랜드 왕국에 완전히 흡수시켰고 1541년에는 대대로 아일랜드 총독을 독점하며 반독립 상태였던 킬데어 가문(Kildare family)을 소환하여 옥에 가두면서 아일랜드의 반란을 평정하였

제인 시무어의 초상(Portrait of Jane Seymour), Hans Holbein the Younger, c. 1536–1537, Kunsthistorisches Museum, Vienna

다. 그 결과 더블린 의회에서 '아일랜드의 왕' 칭호를 받았고 이로써 헨리 8세는 브리튼섬 전체와 아일랜드섬까지 아우르며 향후 편성될 강력한 대영제국의 기초를 닦는다.

헨리 8세는 두 번째 왕비 앤 볼린을 처형한 지 얼마 지나지 않아 그녀를 모시던 시녀 제인 시무어(1508~1537)와 약혼하고 불과 열흘 후에 결혼식을 올렸다. 이렇게 세 번째 결혼을 감행하던 1536년에 그는 웨일스를 잉글랜드에 합병시키는 문서를 승인하였다. 이로써 잉글랜드와 웨일스는 하나의 강력한 나라로 통합되었다.

이듬해인 1537년 제인은 훗날 에드워드 6세가 되는 왕자를 낳았다. 헨리 8세의 입장에서 생각해보면, 제인 시무어야말로 그토록 애타게 찾던 운명의 여인이었던 셈이다. 하지만 엄청난 난산(難産)이었기 때문에 그 후 유증으로 제인은 1537년 10월 24일 그리니치 궁전에서 죽고 만다. 제인의 죽음 후, 헨리 8세와 전 왕실은 오랜 애도의 시간을 가졌다.

제인 시무어는 공식적으로 헨리 8세의 제2 계비이다. 그녀는 이미 언급한 대로 제1 계비 앤 볼린을 옆에서 모시고 있을 때 헨리의 눈에 들었었다. 그리하여 1536년 5월 17일 앤 볼린에 대한 사형이 집행된 지 열하루만에 두 사람은 바로 혼인했던 것이다. 제인은 군인 출신 귀족인 존 시무어 경(Sir John Seymour)과 마저리 웬트워스(Margery Wentworth)의 딸로 태어났다. 아버지 존 시무어 경은 헨리 7세와 헨리 8세 집권 기간에도 현역이었다. 제인의 외증조모는 플란타지넷 왕가 에드워드 3세의 차남인 리오넬 앤트워프(Lionel of Antwerp)의 후손이기도 했다.

제인 역시 아라곤의 캐서린과 앤 볼린처럼 최고의 교육을 받아 읽고 쓰기에 능숙했고 특히 바느질 솜씨가 뛰어났다. 그녀가 만든 수예 작품들은 1652년경까지 남아 있었는데 이는 시무어 가문의 보물로 여겨졌고 수예 작품을 본 헨리 8세도 '타고난 멋진 수예가'로 감탄을 했다고 한다. 그녀는 1532년 캐서린의 시녀가 된 후 여동생 엘리자베스(Elizabeth Seymour, 나중에 헨리 8세의 총리 토마스 크롬웰의 아들 그레고리와 결혼)와 더불어 다음 왕비였던 앤 볼린을 모시게 되었다. 그녀에 대한 헨리의 관심은 앤 볼린이 처형되기 3개월 전이었던 1536년 2월부터라는 기록이 있다. 그녀는 그때부터 이미 궁정의 귀족들을 비롯한 여러 구성원으로부터 '지금까지 보아온 여인 중 가장 괜찮은' 사람으로 소문이 나기 시작했다. 금발 머리에 창백한 얼굴, 조용하고 자신에게 엄격했던 제인은 정열적이며 다소 화려했던 갈색 머리의 앤 볼린과는 여러 모로 대조적이었다. 그녀는 자신의 시녀들에게 프랑스식 복장을 버리고 정숙한 잉글랜드 방식 옷차림을 하도록 명령하였다.

독실한 가톨릭 신자였던 제인 시무어는 국왕의 첫 번째 왕비였던 캐서린의 딸 메리 공주를 서자에서 적자의 신분으로 돌려 놓아줄 것을 왕에게 부탁했다. 하지만 헨리 8세는 이를 두고 딸 메리가 반역을 시도했다고 여겨 오히려 딸과 그녀의 지지자들을 법정에 세워버렸다. 그렇게 이어진 재판에서 공주가 왕의 결정을 존중하며 종교개혁을 받아들이자 시무어의 부탁은 실패로 돌아갔다. 이때 제인이 헨리 8세 스스로 가톨릭으로 복귀할 것을 종용하자 국왕은 앤 볼린의 죽음을 그녀에게 상기시키며 거부했다. 제인 시무어는 헨리 8세가 그렇게 고대하던 왕자를 낳은 지 12일 만에 산욕열로 숨을 거두었다.

헨리 8세는 제인 시무어만을 두고 '나의 진실한 아내'라 불렀다. 이후 그는 세 명의 왕비를 더 맞아들였지만, 제인이 아들을 낳아서였는지 그녀만을 진정한 아내로 여겼던 것 같다. 결국 헨리 8세는 죽은 후 제인 시무어 옆에 묻혔다. 제인 시무어가 세상을 떠난 지 3년 후 헨리는 정치적인 이유로 독일인이었던 클레페스의 안네(Anne of Cleves)와 결혼했다.

제인 시무어의 초상화는 캐서린 왕비와 앤 볼린의 초상화와 달리 독

홀바인의 그림을 모사한 화이트홀 벽화(Whitehall Mural after Hans Holbein), Remigius van Leemput, 1667, 88.9×99.2cm, Royal Collection, London

일 출신의 궁정 초상화가 한스 홀바인 2세(Hans Holbein the Younger, 1497~1543)가 그렸다. 이어지는 네 사람의 초상을 담은 잉글랜드 행정청 화이트홀의 벽화 역시 홀바인 2세가 그린 것으로, 부모인 헨리 7세와 어머니(Elizabeth of York), 국왕 자신과 왕비 제인 시무어를 볼 수 있는데 원본은 1698년 화재로 소실되었다. 그것을 플랑드르 출신의 초상화가이자 유명 복제화가(copist) 레미기우스 반 렘푸트(Remigius van Leemput)가 다시 그렸는데 이 작품 역시 영국 왕실 초상화 중 매우 중요하고 유명한 그림으로 남아 있다.

레미기우스 반 렘푸트

영국 화가 레미기우스 반 렘푸트(Remigius van Leemput, 1607~1675)는 레미(Remee)로도 일컬어진, 플랑드르 출신의 초상화가, 복제화가, 미술품 수집가이자 미술상이었다. 앤트워프에서 태어나 1632년 무렵 런던으로 건너간 것으로 보이는 그는 처음부터 안소니 반 다이크(Anthony van Dyck)를 도우며 함께 작업하면서 매우 친하게 지냈다고 한다. 그는 반 다이크는 물론 다른 플랑드르 화가 페터 렐리(Peter Lely) 등의 작품을 모사했는데 심지어 렐리가 그린 작품보다 더 낫다는 평가까지 받았다.

런던에서 특유의 안목으로 잘된 작품들만 거두어들이던 미술상이 되면서 그는 그곳 예술계에서 저명인사가 되었다. 하지만 1649년 찰스 1세가 처형된 후 그의 미술품은 찰스 1세의 채권자들로부터 약탈당하고 강제로 팔려나가고 말았다.

하지만 그는 그렇게 왕실 컬렉션에서 팔려나간 작품들을 다시 사들였는데 6개월 동안 35점의 그림과 조각품을 회수했고, 그때 티치아노(Titian), 지오르지오네(Giorgione), 코렛지오(Correggio) 및 안드레아 델 사르토(Andrea del Sarto) 등의 작품도 구입했다. 또한 반 다이크가 그린 말을 탄 국왕의 초상화도 사들였다.

한편 그의 아들 지오반니(Giovanni) 역시 로마에서 복제화가가 되었고, 딸 메리는 화가 로버트 스트리터(Robert Streater)의 형제였던 토마스와 결혼한 여성 화가였다.

레미기우스 반 렘푸트는 런던에서 생을 마감했다. 그는 모사뿐만 아니라 원본 작업에도 충실했던 작가로, 여성 초상화 연작 또한 만들었다. 그것들은 전신을 그렸던 원작을 기초로 한 흉상들로 지금은 영국 왕가 컬렉션에서 중요한 자리를 차지하고 있다. 또한 그는 헨리 하이드 자작, 테오도시아 자작, 콘버리 자작 등의 초상화 역시 다시 그려서 남겼다.

1667년 찰스 2세는 일찌감치 한스 홀바인 2세가 런던 화이트홀 궁에서 그렸던 헨리 7세와 그의 왕비 요크의 엘리자베스, 헨리 8세, 제인 시무어의 초상화를 다시 작업하도록 반 렘푸트에게 의뢰했다. 그리하여 그는 여러 곳에 관련 모사 작품을 그렸는데 홀바인의 원본이 1698년 하녀가 세탁물을 말리도록 방치한 이후 화재로 소실되었기 때문이었다. 원본 중 남아 있던 왼쪽 반에 해당하는 홀바인의 첫 그림 스케치는 현재 런던의 국립초상화미술관에 소장되어 있다.

제인 그레이, 에드워드 6세

1820년대 약 10년의 기간 프랑스에서는 잉글랜드에 대한 흥미가 유행처럼 크게 번졌다. 구체적으로 튜더와 스튜어트 왕조 시기 내전의 소용돌이 등이 프랑스인들의 관심을 끌었고, 월터 스콧 경(Sir Walter Scott)의 소설과 역사 등도 인기를 얻었다.

그림 '제인 그레이의 처형'은 역사적인 장면으로 잉글랜드에서 실제 이루어졌던 사실을 그린 것이었고 작자는 1825년과 1835년 사이 살롱(Paris Salon)에서 이른바 웅장한 장면을 잘 그려서 유명했던 프랑스 화가 폴 들라로쉬(Paul Delaroche, 1797~1856)이다. 이 작품에는 1553년 잉글랜드 국왕 에드워드 6세의 죽음에 따라 여왕으로 선포되었던 헨리 7세의 증손녀 제인 그레이(Lady Jane Grey, 1536~1554)의 마지막 모습이 담겨 있다. 반역죄로 사형을 언도받은 뒤 1554년 2월 12일 처형되어 죽는 모습을 그린 것이다. 당시 헨리 8세의 큰딸이자 가톨릭 신자였던 메리 1세가 무력과 더불어 여론을 등에 업고 집권에 성공하면서 여왕 제인 그레이의 재위 기간은 고작 아흐레에 머물고 말았다. 그녀는 죽기 전 악명 높은 런던 타워에 갇혀 있었다.

들라로쉬는 당시의 사람들에게 크게 어필하게끔 16세기 개신교도들의 순교 방식을 그림으로써 역사적 사실에 조작을 가했다. 제대로 된 인문주의 교육을 받았던 이 왕족 여인은 실제로는 옥외에서 처형되었다. 게다가 그림에서처럼 고래수염으로 속을 댄 코르셋과 19세기 양식의, 약간 낡은 흰색 공단(satin) 드레스는 입고 있지도 않았다. 그리고 머리는 위로

제인 그레이의 초상(Lady Jane Grey), 무명 작가, c. 1590, 85.6×60.3cm, National Portrait Gallery, London

제인 그레이의 처형(The Execution of Lady Jane Grey), Paul Delaroche, 1833, 246×297cm, National Gallery, London

모아 올려진 형태였지 어깨까지 흘러내린 모습도 아니었다. 그러나 이 그림에서는 완벽한 역사적 고증은 고사하고, 인기 있는 멜로 드라마와 통속적 읽을거리라는 특유의 무대 장면을 만들고 있다. 바다 건너 나라에서 일어난 어쩌면 가슴 아픈 역사적 사실을 주제로 프랑스의 유명 화가는 유행하는 연극 속 무대 설정을 만들어 오로지 관객의 눈길을 끌기 위한 흥미만을 내세웠다. 아무튼 그녀가 비참하게 처형된 일은 사실이다.

잉글랜드 국왕 헨리 8세의 아들에 대한 갈망은 왕권의 연장과 안정이라는 강력한 바람의 소산이기도 했다. 그는 부왕 헨리 7세가 왕권을 쟁취하기 위하여 겪었던 난관(장미전쟁)을 잘 알고 있었기 때문이다. 한편으로 그는 매우 여색을 밝혔던 남자이기도 했다. 독일 출신의 궁정 화가 한

에드워드 6세의 초상(Edward VI of England), William Scrots, c. 1550, 167
×90cm. Royal Collection, London

스 홀바인 2세가 그려 남긴 그의 초상화를 보면 대부분 비대하고 무식하게 생긴, 멋대로의 남자 모습이지만 이는 나이 들어 그렇게 된 것이다. 여러 기록을 더듬어 보면 그는 젊었을 때 꽤 괜찮게 생긴 미남이자 호남 스타일이었다고 한다. 반면에 겉모습과 달리 드러낼 수 없는 병을 얻었고 이는 불행히도 유일하게 얻은 아들이 일찍 죽는 원인이 되고 말았다. 헨리 8세가 죽은 후 왕위는 자연스럽게 아들 에드워드 6세에게 넘어가는데 그는 허약 체질을 타고 나 불과 16세의 나이로 일찍 운명하고 말았다.

그러자 다시 한번 왕위 계승을 누가 하는가의 문제가 대두되었고, 이때 당연히 첫째 딸 메리가 등장한다. 첫째 왕비였던 아라곤의 캐서린과의 사이에 태어났던 메리 1세는 오랜 기간 외동딸로 아버지의 사랑을 한 몸에 받았다. 헨리 8세는 메리에게 영국 왕족 중 처음으로 웨일스의 여공작(Princess of Wales) 칭호를 내렸고 최초로 독립 궁정을 만들어줄 정도였다.

하지만 아버지의 재혼에 따른 계비 앤 볼린의 모략으로 메리가 타고났던 공주로서의 자격은 정지되고 만다. 게다가 이복 여동생 엘리자베스가 태어나자 왕위 계승권까지 빼앗겨 서녀(庶女)의 신분이 되었다. 하지만 여섯 번째 왕비인 캐서린 파(Katherine Parr)에 의하여 간신히 공주라는 신분으로 복권된다. 그녀는 가톨릭을 고수했던 까닭에 에드워드 6세 때는 종교적인 문제 등으로 박해를 받았다.

그러던 차에 국왕 에드워드가 죽자, 노섬벌랜드 공작 존 더들리(John Dudley)는 자기 아들과 결혼시켰던 며느리 제인 그레이를 새로운 국왕으로 밀었다. 하지만 이에 반발한 귀족들과 국민들이 봉기를 일으켰고, 이들의 절대적인 지지를 받은 메리는 스스로 여왕 즉위를 선언하였으며, 노섬벌랜드 공작은 체포되어 대역 죄인으로 처형되었다.

제인 그레이는 어떤 사람이었을까? 이를 알기 위해서는 헨리 8세의 여동생이자 프랑스 왕비였던 메리 튜더부터 알아봐야 한다. 메리 튜더(1496~1533)는 프랑스의 루이 12세와 결혼하여 프랑스 왕비가 되었지만, 결혼 초 남편이 죽자 고국으로 돌아와 1대 서포크 공작 찰스 브랜든(Charles Brandon)과 결혼하였다. 어렸을 때부터 여동생과 무척 친하게 지낸 헨리 8세는 군함을 건조하면서 그녀의 이름을 붙였을 정도였다. 젊은 시절 메리는 유럽에서 가장 아름다운 공주 가운데 하나로 명성이 자자했으며, 나중에 신성로마제국 황제가 되는 카스티야의 카를과 1507년 12월에 약혼했다. 하지만 당시 유럽 열강의 정치적 지형의 변화로 결혼까지는 이르지 못했다.

그 대신에 울시 추기경에 의해 프랑스와 평화 조약을 맺게 됨에 따라 1514년 18세의 그녀는 52세의 노인 루이 12세와 결혼식을 올렸다. 이때 프랑스에서 그녀의 시중을 들게 되는 전속 시녀 중에는 앤 볼린도 포함되어 있었다. 이미 두 번이나 결혼했음에도 후사가 없었던 루이 12세는 2세를 얻고자 노력을 기울였고 그런 와중에 1515년 1월 1일 침실에서 유명을 달리하고 만다. 이는 결혼 3개월 후의 일로 메리는 임신도 못한 상태에서 과부가 되었다.

왕위를 이어받은 프랑스 국왕 프랑수아 1세는 홀로 된 메리를 위해 그녀가 재혼할 수 있도록 배려를 했음에도 왕가 사이의 정략적 결혼에 불만을 가졌던 메리는 찰스 브랜든과 사랑에 빠진다. 이때 국왕 헨리는 여동생의 사적인 일이었음에도 왕가의 혼사였던 까닭에 자신 위주로 정략적 고려를 했고 메리가 잉글랜드로 돌아올 때 그녀에게 청혼하지 않겠다는 브랜든의 약속을 받아낸다. 하지만 두 사람은 1515년 3월 3일에 프랑스에서 비밀리에 결혼식을 올렸다. 당연히 이 일은 브랜든이 국왕의 동의 없이 공주와 결혼한 것으로, 반역죄에 해당하는 짓이었다. 헨리는 분노했고, 추밀원에서는 브랜든을 체포, 처형해야 한다는 의견을 냈다. 하지만 울시 등의 중재도 있었고 여동생과 브랜든의 진실한 사랑을 가엾게 여긴 헨리는 결국 무거운 벌금을 내리는 것으로 마무리지었다. 두 사람은 1515년 5월 13일 그리니치 궁전에서 공식적으로 결혼하였다.

메리는 네 명의 아이를 두었는데 그중 둘째이자 장녀가 나중에 도싯 후작 헨리 그레이(Henry Grey)와 결혼하는 프랜시스, 즉 프랜시스 브랜든 부인(Lady Frances Brandon)으로, 그녀가 낳은 딸이 제인 그레이이다. 제인 그레이의 부모였던 후작 부부는 사냥과 파티를 즐기는 활발한 성격이었지만, 제인은 그와 반대로 학구적이고 내성적이었다. 부모는 딸의 나약함을 못마땅하게 여긴 나머지 자주 체벌을 가하고 심하게 꾸짖었으며, 그런 일이 이어져 사이가 멀어져만 갔다. 부모에게서 사랑을 받지 못한 제인은 대신 공부와 독서에 더욱 정열을 쏟았다. 그녀는 라틴어, 그리스어, 히브리어를 능숙하게 할 줄 알았고, 종교개혁에 크게 감화된 독실한 성공회 신자로 신학에도 큰 관심을 보였다.

1546년부터 제인은 헨리 8세의 제5 계비이자 마지막 왕비였던 캐서린 파의 저택에서 살게 된다. 캐서린 파는 모성애가 컸던 여성으로, 제인과 앤 볼린의 딸 엘리자베스에게 애정을 쏟으며 격려를 아끼지 않았다. 그러나 1547년, 국왕이 서거한 후 토머스 시무어와 결혼했던 캐서린 파 역시 첫 아이를 낳고 산욕열로 숨을 거두면서 제인의 평안했던 생활은 끝이 났다. 이때 제인은 캐서린 파의 장례식에서 상주 역할을 맡았다.

제인의 부모였던 후작 부부는 당초 토머스 시무어의 도움을 통해 제인을 에드워드 6세와 결혼시킬 계획을 세우고 있었다. 그러나 토머스가 에드워드 6세를 납치하려 했다는 명목으로 체포되어 사형당하자 계획은 물거품이 되고 말았다. 이때 그레이 가문은 화를 입지 않고 다행히 살아남았으나, 프랜시스 브랜든은 딸을 왕의 자리에 앉히겠다는 야심을 버리지 않았다.

1553년 제인은 노섬벌랜드 공작 존 더들리의 아들 길포드(Lord Guildford Dudley)와 결혼했다. 그녀는 결혼을 격렬히 거부했지만 부모의 강압을 이기지 못했다. 종교개혁을 통해 힘을 얻었던 노섬벌랜드 공작은 병약한 에드워드 6세가 죽으면 가톨릭 신자라 부적격자로 여겨진 왕녀 메리 1세를 제치고 국교인 성공회 신자인 제인을 왕위에 올릴 수 있다는 생각을 굳건히 했다.

에드워드 6세가 세상을 뜨자 제인의 부모와 시부모는 기다렸다는 듯이 제인을 왕위에 올렸다. 이때 유력 왕위 계승권자인 메리는 존 더들리가 자신을 체포하여 죽이려 한다는 사실을 눈치채고 서포크(Suffolk)의 프람링엄 성에 몸을 숨겼다. 정작 제인은 왕위를 결코 원하지 않았으며, 아울러 남편 길포드에게 여왕 배우자로의 실권을 주라는 시아버지의 압력에도 완강히 저항했다.

이때 민심은 매우 불행한 유년기와 청년기를 보낸 왕녀 메리에게 기울어 있었다. 제인이 즉위한 지 겨우 아흐레 후인 7월 19일 메리가 대중의 지지를 받으며 런던에 입성하자, 그레이 후작 부부는 딸 제인을 팽개쳐두고 바로 런던 밖으로 도망쳤다. 제인과 길포드 더들리는 반역죄로 런던 탑에 유폐되었으며 존 더들리 공작은 곧 처형당했다.

비록 제인이 재판에서 사형을 선고받았지만, 메리 1세는 제인의 목숨을 살려주고자 했다. 그러나 1554년 1월, 토머스 와이어트(Thomas Wyat)를 중심으로 성공회 신자들이 일으킨 반란에 제인의 아버지 헨리 그레이가 가담하면서 성공회교도 왕위 계승권자인 제인을 살려두는 일을 다시 생각하게 되었다. 메리 1세는 가톨릭으로 개종하면 목숨을 살려준다고 제인에게 제안했지만 제인이 이를 거절하면서 제인과 길포드의 참수가 결정되었다. 그렇게 세상을 뜰 당시 그녀의 나이 고작 열여덟 살이었다.

제인은 순진무구하고 자신의 수양에만 힘을 쏟던, 그저 인문학적 소양이 깊고 품위 있던 한 왕족 여인이었다. 그런데 자신의 의지와는 아무런 관련이 없이 부모, 친척에 의한 정치적 모략의 희생양이 되어 정말 비참하게 최후를 맞이했다.

폴 들라로쉬

폴 들라로쉬(Paul Delaroche, 1797~1856)는 역사를 담은 그림을 그려 큰 성공을 거둔 프랑스 화가 중 한 사람이다. 그의 명성은 전 유럽에 퍼졌는데 가장 큰 성공 요인은 바로 드라마틱한 장면 구성에 있었다. 그는 주로 프랑스와 영국의 역사에서 이루어진 사실을 그리면서 감정적인 작가의 주관을 담았는데 멋진 낭만주의적 접근법이었지만 기교나 구성, 구도는 전형적인 아카데미식과 신고전주의 방식이었다.

폴 들라로쉬

들라로쉬는 실용적 사실주의에서 이루어지는 주제로 역사를 제대로 묘사하고자 하는 뚜렷한 생각을 갖고

있었다. 그리하여 작품에서의 대중적인 이상과 규범에 그리 크게 개의치 않았는데, 마리 앙투아네트 같은 역사적 인물이든 기독교의 인물이든, 나폴레옹 보나파르트와 같은 당대의 인물이든 모든 주제에 객관적이며 같은 관점의 장면을 유지하고자 했다. 그는 앙투안-장 그로(Antoine-Jean Gros)의 제자이면서 나중에 여러 유명 화가(Thomas Couture, Jean-Léon Gérôme, Jean-François Millet)의 멘토가 되었다.

그가 태어나 미술을 접했을 때는 낭만주의와 더불어 대 화가 자크-루이 다비드(Jacques-Louis David)가 굳건히 이룩한 고전주의 사이에서 갈등이 본격화하던 시대였다. 이른바 다비드 스타일(Davidian)은 사회에서 널리 받아들여지고 사람들에게 거부감이 없었기 때문에 낭만주의가 자리를 차지하고자 발전을 도모하고 있을 때 들라로쉬는 두 주류 흐름 속에서 빨리 적당한 자리를 찾아야만 했다. 그리하여 그는 중세와 16세기 및 17세기 역사화 속의 주제라는 낭만주의적 요소를 정리한 후 고도의 기법적 마무리를 아카데미즘(Academics)과 신고전주의(Neoclassicism) 방식으로 나타냈다.

1830년대 초에 완성된 그의 작품들을 보면 두 유파 사이에서 그가 선택했던 방향을 잘 나타내고 있으며 그런 방식은 당시의 미술인들에게 찬사를 받기에 충분했다. 그중 '제인 그레이의 처형'이 가장 많은 호감을 이끌어냈다. 1830년대 후반 들어 그는 자신의 첫 번째 종교 작품을 내놓았는데 지나치게 엄격한 스타일로 인하여 비평가들로부터 좋지 않은 평가를 받으면서 1837년 이후에는 작품 전시를 완전히 중단하고 말았다. 1856년 세상을 떠날 무렵 그는 성모 마리아의 생애를 주제로 네 편의 장면을 연작으로 그리려 했고, 그중 단 하나의 작품을 완성할 수 있었다(Virgin and Child).

파리에서 태어난 그는 생애 대부분을 그곳에서 보냈고, 작품의 대부분을 마자랭가(Rue Mazarin)에 있는 자신의 스튜디오에서 완성했다. 그는 그림마다 단단하며 매끄러운 표면으로 마무리하면서 최고 수준의 완성도를 보였는데 그렇게 이룬 질감은 당시 일반적인 방식이 되면서 앵그르(Jean Auguste Dominique Ingres)의 작품에서도 볼 수 있다. 그의 제자 중에는 볼랑거(Gustave Boulanger)를 비롯하여 영국의 풍경화가 마크 앤서니, 영국의 역사화가 에드워드 아미티지와 찰스 루시, 미국 화가 알프레드 브와소 등이 있다.

그는 그리 유명하지는 않았지만 작은 영주(petty lord)로 칭해지면서 큰 사업을 벌여 예술 관련 수집가 및 미술 관리자들과 관련이 깊던 가문에서 태어났다. 그의 아버지(Gregoire-Hippolyte Delaroche)는 당시 파리에서 저명한 미술상이었기 때문에 둘째 아들이었던 그는 일찍이 아버지의 인도로 미술의 기초를 닦은 후 국립미술학교(L'École des Beaux-Arts)에서 수업할 수 있었다. 그의 형(Jules-Hippolyte) 역시 아버지의 뜻에 따라 같은 학교에서 미술사를 수업하고 나중에 유명해진다.

폴 들라로쉬는 학교에서 교육받을 때 풍경화 그리기를 별로 좋아하지 않았고 나아가 전반적인 시스템에 불만이 있었다. 그리하여 학교 수업보다는 앙투안-장 그로의 사설 학교에서 보다 충실한 교육을 받았다. 1822년 살롱에서부터 전시를 시작하는데 모두 기독교를 주제로 한 작품들이었지만 그로(Gros)의 영향이 엿보였으며, 낭만주의적 분위기로 인하여 제리코

(Géricault)의 찬사를 받는다.

1824년까지 살롱에 연이어 출품했던 그는 1828년 들어 영국 역사화에 눈을 돌려 엘리자베스 1세의 죽음을 그렸는데, 이는 영국에서 크게 인기를 끌었다. 그런 연작에 작품 '제인 그레이의 처형' 역시 포함되었다. 그의 능력을 인정한 국립미술원(Académie des Beaux-Arts)에서는 1832년 그를 회원으로 선출했고, 이듬해 그는 국립미술학교(L'Ecole des Beaux-Arts)의 교수가 되었다. 같은 해, 그는 파리의 마들렌 성당(L'Église de la Madeleine) 중앙홀에 대형 벽화를 그리라는 의뢰를 받았는데 이때 기독교 회화에 대한 경험 부족을 인식하여 지식을 쌓고자 1년 동안 이탈리아를 둘러보았다.

여행에서 돌아온 그가 착수했던 첫 번째 작품이 '성 세실리아(St. Cecilia, 1836, London, V&A)'였는데 비평가들에게는 그리 좋은 평가를 받지 못했다. 역사화가의 입장에서 들라로쉬는 자신의 작품 속 사건들에 철학적 분석을 제시하면서 그것을 역사적 진실과 시간에 대한 19세기로의 이해로 연결시키고자 했다. 역사와 자신의 역사화 사이에는 약간의 불일치가 있었지만 그는 사실적 표현에 충실한 작업이 중요하다고 여겼다. 그는 위대한 과거의 인물, 기독교에서의 주요 성인, 마리 앙투아네트나 나폴레옹 보나파르트와 같은 중요한 정치인을 막론하고 모두 같은 톤(tone)을 도입한 작품으로 남겼다. 그는 주제를 정확하게 표현하기 위하여, 완성도를 높이기 위하여 그림에 나타날 의상, 장신구 및 장면 설정에 깊은 주의를 기울였다. 아울러 그는 회화적 형식보다 그림에서의 문학적 가치를 높이 평가하면서 역사적 그림의 연극성, 서사성 및 시각성과 문학적 측면의 균형을 유지하고자 애를 썼다.

한편 1835년 그는 선배 낭만주의 화가 오라스 베르네(Horace Vernet)의 딸 루이즈(Louise)와 사랑에 빠진 후 결혼한다. 하지만 1845년 31세의 나이로 부인이 사망하자 큰 충격과 슬픔에 빠져 헤어나지 못하다가 기독교 주제의 그림을 그리면서 점차 슬픔을 극복했다.

1837년 그는 헤미사이클(Hémicycle)이라는 큰 작품을 의뢰받았다. 이는 유럽 회화 교실에서 어떤 규범처럼 자리잡고 있었던 라파엘로의 '아테네 학당(The School of Athens)'을 따르는 양식(Raphaelesque tableau)의 하나라고 할 수 있었던 작품이다. 이는 국립미술학교의 대형 극장의 상단 부분을 차지하는 27미터 길이의 벽화였다. 이때 작업 총괄은 미술학교 전속 건축가

펠릭스 두뱅(Félix Duban)이 맡았다. 방대하며 기념비적인 작업을 수행하던 들라로쉬는 1856년 11월 4일 마무리를 못 본 채 사망했다.

윌리엄 스크로츠

네덜란드 매너리즘의 대표적 화가이면서 영국 튜더 왕실의 전속 화가였던 윌리엄 스크로츠(William Scrots, Guillim Scrotes, 1537~1553)에 대한 첫 번째 언급은 그가 합스부르크의 메리를 위한 궁정 화가로 지명되었을 때였다. 그는 한스 홀바인 2세에 이어 1546년 영국 국왕 헨리 8세의 전속 화가가 되었는데 그때 홀바인보다 두 배에 가까운 금액의 연봉을 받았다. 그는 에드워드 6세 때까지 직책을 수행했다고 하는데 아마 이후 국왕의 서거로 인하여 영국과 결별하면서 고향으로 돌아온 것 같다.

그의 그림에 대한 독창성과 상세한 기법을 흥미 있게 기록한 것 외에는 그에 대하여 알려진 사항은 거의 찾기 힘들고 1551년 스크로츠가 세 점의 작품으로 50마르크를 받았다는 기록이 남아 있을 뿐이다. 그때의 작품 중 두 점은 외국 군주를 위한 선물로 대사들(Thomas Hoby, John Mason)에게 전달된 에드워드 왕의 초상화였고, 나머지는 한 귀족에 대한 그림(The late Earle of Surrey attainted)이었다.

홀바인의 아버지가 그렸던 초상화와 유사한 포즈를 취한, 스크로츠가 그린 에드워드 6세의 전신 초상화 두 점 중 하나는 현재 왕립 컬렉션에 있고 다른 하나는 루브르미술관에서 볼 수 있다. 그는 또한 에드워드 6세를 특별한 각도에서만 볼 수 있도록 왜곡시켜 그린, 어쩌면 그의 이상한 옆모습을 그리기도 했다. 그렇게 이루어진 시각적 변형은 당대의 뛰어난 초상화로 일컬어졌던 홀바인의 그림 '대사들(The Ambassadors)'과 '프란시스 1세', '페르디난드 1세'에서의 적용 방식과 매우 유사하다. 그리하여 1591년과 이듬해 겨울, 이 그림이 화이트홀 궁에서 전시되었을 때 일종의 센세이션을 일으켰고, 그것을 보기 위하여 지체 높은 신분의 방문객이 줄을 이었다.

스크로츠는 결코 창의적이거나 상상력이 풍부한 화가는 아니었지만, 무엇보다 최신 유행을 알고 있었기 때문에 이후 몇 년 동안 영국 궁정에 북유럽 여러 지역에서 그려지던 모더니즘에 해당되는 일련의 그림이 등장할 수 있었다고 미술사가 엘리스 워터하우스(Ellis Waterhouse)는 언급한다. 특히 그는 대륙에서 유행했던 전신 초상화가 영국에서 대중화하도록 중요한 역할을 했던 것으로 보인다.

메리 1세

순진무구했으며 인문학적으로 수양이 잘 된 여인 제인 그레이가 형장의 이슬로 사라진 후 잉글랜드와 아일랜드의 국왕 자리는 메리 1세의 차지가 되었다. 메리 1세(Mary I, Mary Tudor, 1516~1558)는 부왕 헨리 8세와 스페인 출신의 모친 아라곤의 캐서린 사이에서 태어난 맏딸이었다. 어머니가 아들을 낳지 못했던 탓에 헨리 8세가 어머니의 시녀 앤 불린과 무리한 재혼을 시도하면서 그때부터 그녀의 인생은 불행하게 꼬여버린다.

그녀는 잉글랜드를 다스린 최초의 여왕으로, '피의 메리(Bloody Mary)'라는 별명으로도 유명하다.

아버지에 대한 강한 반감, 굳건한 가톨릭 믿음을 가졌던 나라 출신이었던 어머니로 인하여 그녀 역시 가톨릭을 매우 신봉했다. 아버지에 의하여 무력화되어 거의 무너져가던 종교를 다시 살려내기 위해 그녀는 강력한 조치를 취했고 그 과정에 적지 않은 신교도들을 박해하고 처형했다. 그래서 그녀에게 무시무시한 별명이 붙은 것이다.

첫 아이로 태어난 그녀는 학구적이고 명랑한 소녀로 자라면서 어머니와 궁정의 귀족들로부터 수준 높은 교육을 받았다. 잉글랜드가 보다 힘 있는 국가들과의 치열한 경쟁을 벌이며 동맹 관계를 유지해야 했기 때문에 주변 강대국 왕족과 결혼을 해야만 하는 처지였다. 당시 서유럽 여러 왕실에서 주변국과의 정략적 혼인은 관례에 가까운 일이었기 때문이다. 따라서 신성로마제국 황제 카를 5세와 약혼했던 그녀는 막대한 현금 지참금을 준비하여 스페인으로 오라는 일방적 요구를 받았다. 하지만 잉글

매리 1세의 초상(Mary Tudor), Antonis Mor, 1554, 109×84cm, Museo del Prado, Madrid

랜드 왕국은 이를 무시했다. 그리고 부왕에 의하여 1525년 웨일스의 공주로 지명되면서 더 이상의 지위 상승은 없었다. 오히려 아버지가 새 왕비 앤 볼린을 맞아들임에 따라 공주라는 지위조차 파기되었다. 게다가 가톨릭이 폐지되고 엄연히 잉글랜드 국교가 성립되었음에도 가톨릭 신앙을 버릴 수 없던 그녀는 결국 서녀(庶女)로 신분이 내려갔다.

새 왕비 앤 볼린은 평소 메리의 행동을 철저하게 살피면서 견제했고, 메리는 혹시 죽임을 당할지도 모른다는 불안에 시달리면서 수녀원으로 도피할 생각까지 했다. 그러나 당시 가톨릭 수도원들 역시 큰 변화 속이라 이러지도 저러지도 못하면서 세월을 보내야만 했다. 그러던 중 아버지 헨리 8세의 앤 볼린에 대한 사랑이 인내라는 터널을 지나 증오로 바뀌었고, 결국 앤 볼린과 볼린가의 주요 인사들이 체포, 처형되면서 메리의 신분도 예전처럼 회복되었다. 나아가 그녀는 당시 유럽의 공주 중 가장 중요한 인물이 되어 인기를 한 몸에 받았는데, 그 무렵 부왕이 캐더린 하워드와 다시 결혼하면서 이를 계기로 다시 궁으로 돌아왔다.

이후 1547년 제인 시무어가 낳은 왕자 에드워드 6세가 왕위를 이어받았지만, 1553년 그가 어린 나이로 세상을 뜨면서 느닷없이 제인 그레이가 국왕이 되는 일이 벌어졌다. 그러나 제인 그레이의 재위는 불과 며칠 정도였고 잉글랜드 전체는 메리가 왕위에 오르기를 원하는 소용돌이에 빠졌다. 결국 메리는 런던에 입성하여 왕위를 차지했다. 이때 그녀 나이 37세였다. 강직하고 당찬 믿음이나 솔직하고 진실된 면모는 아버지의 모습 그대로였지만, 그와 반대로 그녀는 잔인한 처벌과 복수를 원치 않는다는 원칙을 세워두고 있었다.

하지만 종교 문제에 관해서 단호할 수밖에 없었다. 여러 모로 새롭게 즉위한, 즉 왕국 최초의 여왕이라는 자리부터 잘 살폈어야 함에도 그녀는 우선 백성들이 가톨릭 신앙부터 믿어야 한다며 조바심을 냈다. 그런 목적을 달성하기 위해 신성로마제국 황제 카를 5세 또는 나이가 열한 살이나 어린 황제의 아들인 스페인의 필립 2세와의 결혼을 결심했다. 그런데 이때 궁정의 대신 대부분은 왕족의 혈통이자 4촌 관계인 데본 백작 코트니(Courtenay, earl of Devon)를 추천했다.

게다가 부왕 헨리 8세가 가톨릭 수도원 등의 모든 재산을 몰수한 결과 부와 토지를 얻었던 잉글랜드 귀족들은 그렇게 받은 재산 등에 대한 기득권을 놓지 않으려 했다. 그런 와중에 가톨릭을 국교로 복원하려는 메리의 강렬한 의지가 결국 그들을 적대 세력으로 만들어버렸다. 아울러 의회까지 메리가 의도한 스페인 왕가와의 결혼에 강력하게 반대하자 여왕은 "나의 결혼은 온전히 나만의 일이다(My marriage is my own affair.)"라며 극도의 분노를 표출했다.

1554년 그녀가 스페인의 필립과 결혼이 분명해졌을 때, 마치 기다렸다는 듯이 토마스 와이어트 경이 이끄는 개신교도들이 반란을 일으켰다. 런던을 향한 그들의 진격에 놀란 메리는 수천 명의 시민을 모아놓고 자신을 위하여 싸워달라는 멋진 연설을 했다. 그래서였는지 반란은 격퇴되었고 주도자 와이어트는 결국 처형되었다. 이후 필립과 결혼한 메리 국왕은 다시 가톨릭 신앙을 회복시키면서 다른 종교에 반대하는 법을 부활시켰다.

이후 3년 동안 종교적 반란자들이 가차 없이 처형되면서 거리에는 시신들이 연달아 말뚝에 매달렸고, 약 300명이 화형에 처해졌다. 결국 '피의 메리'라는 불명예스런 별명이 만들어지면서 국민들의 적지 않은 반감까지 사게 되었다. 또한 외교와 전쟁의 실패로 잉글랜드가 유럽 대륙으로의 교두보로 갖고 있던 칼레(Calais)를 영원히 잃는 일까지 벌어졌다.

몇 번의 유산(流産)으로 자식도 없었던 그녀는 병까지 얻으면서 비탄에 빠졌다. 그녀의 병은 난소종양이었고 얼마 살지 못하는 상태였다. 메리는 어머니를 궁정에서 내쫓은 앤 볼린의 딸이자 이복 여동생이었던 엘리자베스를 매우 미워했다. 어린 엘리자베스의 세례 성사 자리에서 시녀로서 보좌할 것을 명령받았던, 치욕으로 시작된 원한은 그 뿌리가 깊었다. 게다가 앤 볼린이 처형될 때 메리는 엘리자베스의 하녀이기까지 했다.

하지만 죽음을 앞둔 그녀에게 혈육이라곤 엘리자베스뿐이었다. 결국 그녀는 죽기 전날 자신의 후계자로서 여동생을 지명했다. 잉글랜드 최초의 여왕 메리 1세는 5년 남짓 재위한 후, 난소암에 걸려 1558년 11월 17일 세인트 제임스 궁에서 세상을 떠났다. 메리 여왕의 기일(忌日)은 이후 200년간 종교적 압제에서 해방된 축일로서 기념되었다.

메리 여왕의 초상화는 재위 기간 그려진 것으로, 그녀의 말년 모습이다. 병과 더불어 여러 어려움이 있었음에도 얼굴에는 아직 강한 의지와 함께 시련을 이겨내고자 하는 표정이 역력하다. 손에 들고 있는 장미 한 송이는 자식을 두지 못한 안타까운 마음과 더불어 아직 힘이 미약하다고 여기는 그녀의 국가를 상징하는 것 같다. 그녀는 적지 않은 초상화를 남겼는데 표정들을 보면 한결같이 굳건하다. 그런 자세가 후임 여왕 엘리자베스 1세에게 이어진 것 아닐까.

안토니스 모르

안토니스 모르(Anthonis Mor, c. 1517~1577)의 이름은 여럿(Anthonis Mor van Dashorst, Antonio Moro, António Mouro, Anthony More)인데 그 까닭은 영국으로 건너와 활약했던 다른 작가들처럼 그 역시 네덜란드 출신이었기 때문이다. 그는 티치아노가 발전시킨 방법론을 기반으로 유럽 궁정에서의 올바른 초상화 양식의 수립에 기여했다. 특히 그의 영향은 이베리아 반도에서의 전통을 만들었고, 그것을 유명한 스페인 화가 디에고 벨라스케스(Diego Velázquez)가 받아들였다. 구체적으로, 그는 모델의 정신적인 면까지 파악하여 표현하였고 그 결과물은 언제나 장대한 배경 속에 냉정하고 침착한 주인공의 모습이었다.

안토니스 모르

위트레흐트(Utrecht)에서 1516년에서 1520년 사이에 태어난 것으로 추정되는 그의 인생 초반에 대해서는 알려진 것이 거의 없는데 다만 얀 반 스코렐(Jan van Scorel)로부터 미술 교육을 받은 것은 확실해 보인다. 그리하여 1538년 무렵부터 그가 남긴 초창기 초상화 작품들은 하나의 컬렉션이 되어 스웨덴의 스톡홀름에서 볼 수 있다.

1541년경이었던 위트레흐트 시절 그는 '위트레흐트의 성 요한 기사단(A group of Knights of St. John at Utrecht)'을 그렸다. 베를린의 한 화랑(Gemäldegalerie)에 있는 두 순례자의 그림도 볼 수 있는데, 릴르 갤러리(Lille gallery)에 있는 무명 여성의 초상화도 그의 초기 작품 중 하나라고 추정된다.

1547년 모르는 앤트워프의 성 루카 미술인 길드(Venerable Guild of St. Luke)의 회원이 되었고, 곧이어 아라스의 주교(Bishop of Arras)이자 추기경이었던 그랑벨(Granvelle)의 주목을 끌면서 점차 그로부터 후원을 받게 된다. 그랑벨의 보호를 받으면서 그의 경력 초기에 마무리되었던 초상화 중에서 두 점이 특히 주목할 만한데, 하나는 주교 자신(Imperial gallery, Vienna)이고 다른 하나는 현재 뉴욕 스페인 협회(Hispanic Society of New York)에서 소유하고 있는 '알바 공작(Duke of Alba)'이다. 1549년에서 1550년 사이에 스페인의 필립 2세(1527~1598) 왕자는 장래 통치자의 입장에서 네덜란드를 여행했고, 1549년 모르는 브뤼셀에서 그의 초상화를 그렸다. 또한 모르는 그후 이탈리아를 방문했을 것으로 여겨지며, 그곳에서 '다나에(Danaë)'를 중심으로 티치아노의 작품을 모사했던 것으로 보인다.

1550년 중반 모르는 헝가리의 메리 왕녀로부터 포르투갈에 있는 가족의 초상화를 그려달라는 부탁을 받고 리스본으로 떠났다. 그는 바야돌리드(Valladolid)를 경유하여 그곳에 간 것으로 보이는데 그 이유는 그곳에서 막시밀리안 2세와 그의 아내 오스트리아의 마리아, 그들의 딸

안나, 스페인의 필립 2세의 아들인 돈 카를로스(Don Carlos)의 초상화를 그렸기 때문이다.

모르는 리스본에서 국왕 존 3세, 캐서린 왕비, 주앙 마누엘(João Manuel) 왕자, 미래의 필립 2세의 아내가 되는 포르투갈의 마리아 공주의 초상화를 그렸다. 모르가 포르투갈에서 머물면서 초상화를 그릴 때의 자세한 행적에 대해서는 알려진 바가 거의 없지만, 그는 1553년 11월 분명히 브뤼셀로 돌아왔다.

1553년 7월 잉글랜드 왕 에드워드 6세가 갑작스럽게 사망한 후 스페인 왕 카를로스 5세는 드디어 스페인과 잉글랜드 사이의 동맹 가능성을 타진하기 시작했다. 이때 필립과 그의 포르투갈 공주 사이의 약혼을 파기하면서 영국 왕위 계승자인 메리 튜더와의 혼인을 성사시키기 위한 협상이 이루어졌다. 그렇게 쌍방이 모색을 해가고 있는 동안 모르는 메리 튜더의 초상화를 그리기 위해 영국으로 가야 했는데 그때 그림을 완성한 정확한 날짜는 잘 모른다. 아무튼 그가 그렸던 초상화는 영국에서 매우 좋게 평가되었으며, 그것은 모르가 적어도 세 가지 버전을 만들면서 메리 여왕의 모습 중 대표적으로 잘 알려진 작품(Prado, Marques of Northampton)이 되었다. 1553년 12월 20일 필립은 공식적 자신의 화가로 모르를 지명했다.

1555년 10월 카를로스 5세가 왕위에서 물러났고, 이어 그의 아들 필립의 스페인 왕 대관식을 둘러싼 의식과 축제가 이어지게 되었는데 모르 역시 이때 여러 그림을 주문받았으리라 여겨진다. 하지만 불행히도 그때의 작품 중 많은 부분이 소실되어 사본을 통해서만 알려지고 있다.

그는 필립이 왕위에 오른 이후 꽤 많은, 중요한 작품을 남겼는데 오랑쥬의 윌리엄 1세(침묵의 윌리엄, Prince William I of Orange, William the Silent, 1555), 알레산드로 파르네세(Alessandro Farnese, 1557) 및 필립 2세의 새로운 초상화 등이다. 이 시기 그의 또 다른 중요한 작품으로는 제인 도머(Jane Dormer, 1558), 장 레코크(Jean Lecocq)와 그의 아내의 초상화(1559), 훗날 그의 집에 걸려 있던 얀 반 스코렐(Jan van Scorel)의 초상화(1559) 등이 있다.

1558년 메리 여왕이 죽은 이후 필립 왕은 이듬해 모르가 1561년에 그렸던 발루아의 이사벨라와 다시 결혼했다. 그런데 이사벨라의 초상화는 분실된 것으로 보이며 우피치미술관(Uffizi Gallery)에서 볼 수 있는 그의 유일한 자화상 역시 그 무렵부터 소장했던 것 같다. 현재 프라도 미술관에서는 그의 아내로 추정되는 여인의 초상화도 찾아볼 수 있다.

그는 그 작품들 말고도 많은 걸작을 만들면서 명성을 쌓았지만 국왕의 총애를 받으면서 적지 않은 견제를 받았다. 자신이 키운 제자 알론소 산체스 코엘료(Alonso Sánchez Coello)가 그를 대신하여 여러 작업을 맡으면서 모르는 스페인 궁정을 떠나야 했다. 고향으로 돌아온 그는 위트레흐트와 앤트워프, 브뤼셀을 수시로 방문하면서 그랑벨 추기경을 비롯하여 네덜란드 궁정과의 관계를 이어갔고 파르마(Parma)의 마르가레타(Margaretha)의 초상화도 그렸다.

그는 앤트워프의 평범한 여인들, 상인들에 초점을 맞춘 초상화를 비롯하여 동료 미술인, 세공가 등을 그렸으며 그렇게 작업한 것들은 당연히 이전 궁정에서 그렸던 것들과 많이 달랐는데 자신의 또 다른 뛰어난 능력을 알리는 계기가 되었다. 그 무렵 그랑벨 추기경이 프랑스와 네덜란드로 돌아갔고 사회적, 정치적으로 불안정한 시국이 되면서 모르는 경제적으로 쪼들렸다. 이때 알바 공작이 그에게 호의를 베풀고 작품을 주문하면서 재정 문제는 부분적으로 해결되었고, 그러는 가운데 1567년과 이듬해 앤트워프에 있으면서 그곳 길드의 중요 인물로 등재되었다. 아울러 그때부터 그리스 신화를 주제로 한 작품(Venus and Adonis) 등을 만들었다.

그가 1568년에 다시 영국을 방문했을 가능성은 그가 그린 것으로 추정되는 '개를 안고 있는 귀족의 초상(Portrait of a Nobleman)'과 '헨리 리 경의 초상(Portrait of Sir Henry Lee)'으로 알 수 있다. 1570년 이후 그의 생애와 행적에 대해서는 알려진 것이 거의 없는데, 아마도 아드리안 토마츠(Adriaen Thomasz)와 같은 화가들과의 경쟁에서 밀려난 것으로 보인다. 몇 점의 현존하는 걸작 초상화를 남긴 후 말년에 종교 및 신화 주제의 역사 그림에 집중했지만 그런 작품들과 초상화가로 그가 남겼던 위대한 결과물과는 비교할 수 없을 정도이다. 1576년에 사망했을 때 그는 앤트워프 대성당을 위한 작업을 하고 있었던 것으로 여겨진다. 아무튼 그가 남긴 수많은 걸작 초상화의 주인공은 대부분 당시 대단했던 인물들이었다. 그래서 초상화 역사에 있어서 모르는 매우 중요하며 위대한 작가 중 한 사람이라고 할 수 있다.

엘리자베스 1세(1)

폴 들라로쉬는 프랑스와 영국에서 일어난 역사적 사건을 위주로 드라마틱한 그림을 그려 성공한 화가였다. 그는 아카데미에서 닦은 탄탄한 고전주의적 기법에 낭만주의적 스토리를 담는 방식의 그림으로 매우 유명했다. 그의 초기 작품들은 구약성서로부터 주제를 가져온 것들이었으나 점차 프랑스와 영국의 역사를 주로 다루었다. 그렇게 제작된 작품들은 당시 꽤 인기를 끌었는데 시대적인 요구도 있었지만, 실내 장식과 의상 등 세심한 장면 설정 등이 그 이유였다.

1827년과 1828년 살롱에서 전시되었던 작품은 '엘리자베스 1세의 죽음(The Death of Elizabeth I, Queen of England)'으로, 여왕이 세상을 떠난다는 표면적인 주제와 달리 배경 속 여러 모습, 장치로 인하여 다소 주의를 산만하게 만들었다. 하지만 세심하게 다루어진 소도구들, 즉 가구, 의상과 같은 장식들로 인하여 어쩌면 현대적 면모를 더욱 부각시켰다고 할 수 있다. 장면 전체를 보면 위쪽부터 어두운 배경이 만들어졌고, 그것이 아래로 이어지며 점차 밝아지기 시작하면서 바닥에 면한 팔걸이 소파에 비스듬히 앉아 죽음에 이른 여왕이 있는 곳은 마치 집중 조명을 받은 무대처럼 환하게 빛나고 있다.

오른쪽 부분에는 관료, 장군으로 보이는 남자들이 서 있는데 이는 여왕이 이룩한 정치 외교적 성공을 나타낸 것이다. 왼쪽에는 시녀들로 보이는 여인들이 큰 슬픔에 빠져 있다. 그렇게 내부적으로도 안정적 치세를 이룩했던 여왕이 세상을 떠난 것이다. 여왕의 얼굴과 드러난 팔은 이미

엘리자베스 1세, 공주 시절(Elizabeth I when a Princess), William Scrots, 1546~1547, 108.5×81.8cm, Royal Collection, London

푸르스름한 상태이다. 들라로쉬답게 여왕보다는 그녀를 둘러싼 주변 모습을 통하여 그녀의 존재를 새삼스럽게 부각시키고 있다.

엘리자베스 1세 여왕(1533~1603)은 1558년 11월부터 1603년 3월까지 무려 44년 동안 잉글랜드를 다스렸다. 이복 언니 메리 1세로부터 왕위를 이어 받았으며, 그녀의 어머니는 아버지 헨리 8세의 두 번째 왕비이자 '1,000일의 앤'이라 불린 앤 볼린이었다.

엘리자베스 1세 재위 기간 유럽의 후진국이었던 잉글랜드는 프랑스와 스페인 및 신성로마제국 등 열강의 위협과 더불어 과다한 국내의 인플레이션, 종교 전쟁 등으로 혼란스럽기만 하던 시기에 여러 악조건을 극복하고 세계 최대 제국으로의 강력한 기반을 구축했다. 죽을 때까지 독신이었던 그녀는 '성처녀 마리아'라는 별칭으로 기독교적 인기를 얻었다. 그러면서 시(詩)와 초상화 등으로 그려진 그녀는 백성들에게 일반적 여성이 아닌 '성처녀'와 '여신'이라는 두 가지 이미지로 인식되기 시작했다.

그녀가 유지한 '처녀'로의 이미지는 꽤 괜찮은 미덕으로 여겨졌는데, 1559년 그녀는 하원의회에서 "내가 죽은 다음, 대리석 돌에 당대를 통치했던 여왕이 처녀로 살다가 죽었다고 선언하듯 새겨주는 정도면 족하다"라고 강조했을 정도였다. 그에 따라 시인과 작가들이 앞다투어 그녀가 언급한 말을 채택하여 그녀를 우러러보는, 일종의 도상학(iconography)까지 개발했다. 1578년에 이루어진 '동정녀'에 대한 공개적 경의 표시는 여왕이 마침 앙쥬 공작 알랑송(Duke of Anjou and Alençon)과 물밑에서 이루어지던 결혼 협상에 대한 대중의 반대라는 부호(code)로까지 작용했다. 프랑스의 알랑송 공작은 국왕 앙리 2세와 메디치가 출신의 캐서린 왕비 사이에서 태어난 막내 아들이었다.

독신을 지속한 여왕의 삶에는 어린 시절 어머니와 계모(Catherine Howard)가 부왕 헨리 8세에 의하여 죽임을 당한 데서 받은 충격, 그녀에

엘리자베스 1세의 죽음(The Death of Elizabeth I, Queen of England), Paul Delaroche, 1828, 422×343cm, Musée du Louvre, Paris

게 최초로 청혼했던 토머스 시무어 제독이 국왕의 허가 없이 공주에게 청혼했다는 죄목으로 처형당했던 일 등이 영향을 끼쳤던 것 같다.

한편, 헨리 8세의 마지막 왕비 캐서린 파는 결혼을 두 번 했지만 두 번 다 남편과 사별했다. 왕가와 먼 인척 관계인 귀족의 딸이었던 그녀는 이해심 많고 인내심이 강한 여성으로, 나이 든 국왕을 잘 보살피면서 자신의 자식도 아니었던 메리와 엘리자베스 두 왕녀와 왕세자 에드워드의 교육에 심혈을 기울였다. 그녀로 인하여 왕가의 자제들이 다시 궁으로 돌아와 훌륭한 학자들의 지도 아래 함께 공부할 수 있었다.

1547년 11월 헨리 8세가 세상을 뜬 후 홀몸이 된 그녀는 토머스 시무어와 재혼한 후 엘리자베스 공주를 불

캐서린 파의 초상(Katherine Parr), 무명 작가, 16세기 후반, 63.5×50.8cm, National Portrait Gallery, London

러 가족처럼 함께 지냈다. 그런데 이때 토머스 시무어가 은근히 왕권에 대한 욕심을 품고 엘리자베스에게 접근하였고, 어린 엘리자베스 공주를 끌어안기까지 하는 장면을 목격한 캐서린은 급기야 엘리자베스 왕녀를 다른 거처로 보내야만 했다. 하지만 두 사람 사이의 문제는 토머스 시무어로 인한 것이었기 때문에 서신으로 서로 소식을 이어가면서 지낼 수 있었다. 캐서린은 딸 메리를 낳은 후 산욕열로 35세의 나이에 세상을 떠났다.

엘리자베스 1세(2)

엘리자베스 1세는 잉글랜드의 국력이 프랑스나 스페인과 비교하여 크게 뒤진다는 사실을 잘 알고 있었다. 그리하여 겉으로는 세력 균형 정책을 펴면서 은밀하게 프랜시스 드레이크(Sir Francis Drake)를 비롯한 해적들을 지원하여 대서양에서 스페인을 견제하도록 만들었다. 네덜란드 독립 전쟁(1568~1648)에서는 개신교를 믿는 네덜란드를 지원했기 때문에 굳건한 가톨릭 국가였던 스페인과의 관계가 순식간에 악화되어 결국 숙명의 라이벌로 변하고 말았다.

한편 스코틀랜드의 여왕으로, 가톨릭을 믿었던 메리 스튜어트(1542~1587)가 개신교들의 반란에 의하여 잉글랜드로 망명하는 일이 벌어졌다. 메리 스튜어트는 잉글랜드 헨리 7세의 증손녀이자 엘리자베스 여왕에게는 5촌 조카였다. 그런데 망명 이후 그녀는 자신의 생명을 구해준 엘리자베스 여왕을 제거한 다음 왕위를 차지하고자 온갖 음모를 꾸며댔다. 그러다가 결국 여왕 암살 계획이었던 배빙턴 사건의 전모가 드러나 1587년 2월 단두대에서 처형되었다.

잉글랜드를 손보고자 기회를 엿보던 스페인의 펠리페 2세는 가톨릭 군주 메리 스튜어트의 처형에 대한 응징이라는 구실로 1588년 무적 함대를 전격적으로 잉글랜드로 진격시켰다. 무려 130척의 전함이 영국해협에 나타난 것이다. 그러나 그들의 함대는 영국 함대에 크게 궤멸당한 후 스코틀랜드 방향으로 퇴각하다가 북해에서 폭풍우를 만나 상당수가 침몰했고 겨우 53척만이 스페인으로 돌아갈 수 있었다.

엘리자베스 1세(Queen Elizabeth I), 무명 작가, c. 1575, 113×78.7cm, National Portrait Gallery, London

잉글랜드는 본격적으로 주변 강대국과 군사적 충돌을 당당하게 이어 나갔고, 그러는 도중 예상 밖으로 국민의 정신적 결속과 일체감이 생겨 났는데 이는 여왕의 입장에서는 매우 다행스런 일이었다.

엘리자베스 1세 여왕 시대가 되어 국방을 굳건히 하면서 한편으로 국민 문예 분야에서도 전성기를 맞았다. 윌리엄 셰익스피어(William Shakespeare)의 문학과 프랜시스 베이컨(Francis Bacon)의 경험철학이 이때 나타났을 정도로 영국 문화는 꽃을 피우기 시작했다. 또한 식민지 아메리카 대륙에 '독신 처녀' 여왕의 이름을 딴 버지니아(Virginia)라는 지명이 만들어졌으며, 아시아에서는 식민지 경영을 위하여 동인도회사가 설립되어 잉글랜드 왕국이 훗날 대영제국으로 발전하는 데 중요한 발판이 되었다.

그러나 엘리자베스 1세의 재위 말년은 그리 순탄하지 않았다. '멋진 여왕 베스'라고 불릴 정도로 대단한 인기를 누렸지만, 그녀 역시 따지고 보면 절대군주였기 때문이었다. 권력은 돈에서 나온다는 사실을 잘 알고 있던 그녀였기에 손쉽고 빠른 수입을 올리는 데 수단과 방법을 가리지 않았다. 그녀는 새롭게 이루어지는 산업에서의 이권에 마음대로 독점권을 행사한 뒤 자신에게 잘 보이는 신하나 귀족, 상인들에게 되팔았다. 잉글랜드는 1596~1597년의 흉년과 무역 쇠퇴로 인해 지속적으로 물가가 폭등하였고 실업자의 대량 발생으로 어려움을 겪었으며 국민들의 의욕도 땅에 떨어졌다. 부패하고 탐욕스러운 여왕의 주변 각료들로 인하여 대중의 증오심이 증가 일로에 있던 상태였다. 그때 아일랜드를 정복하기 위한 시도는 엘리자베스 1세의 마지막 각료 대표 중 하나였던 에섹스의 백작(Earl of Essex) 로버트 데버루(Robert Devereux)가 반란을 일으키는 빌미가 되었다.

데버루는 아일랜드 총독의 자격으로 아일랜드의 반란 진압을 시도했지만 실패하고 불리한 조약을 체결해야 되는 상황에 이르게 되었다. 그러자 그는 갑자기 총독의 위치에서 이탈하여 여왕에게 직접 해명하겠다며 잉글랜드로 돌아왔다. 엘리자베스 1세는 이 소식을 듣고 크게 분노했고 반란 진압 실패에 대한 책임을 물어 그의 관직을 박탈했다. 이에 앙심을 품은 데버루는 300명의 추종자와 함께 1601년에 런던에서 대중 봉기를 일으키려 했으나 실패하고 결국 반역죄로 처형되었다.

엘리자베스 1세가 겪은 반란의 후유증은 심각했다. 우울증과 지병이던 노인성 질환을 겪으면서 기력을 잃어가던 그녀는 1603년 3월 24일 70세의 나이로 숨을 거두었다. 신하들이 쉬어야 한다고 하자 엘리자베스는 "무엇을 해야 한다고 하는 것은 왕에게 하는 말이 아니다"라는 말을 남긴 뒤 세상을 떠났다. 여왕의 죽음과 함께 헨리 7세부터 시작된 튜더 왕조가 종말을 고했고, 여왕에게 죽임을 당한 메리 스튜어트의 아들 제임스 6세가 엘리자베스 1세의 뒤를 이어 잉글랜드에서의 제임스 1세로 즉위했다. 잉글랜드와 스코틀랜드의 통합 왕이 된 것이다.

엘리자베스 1세(3)

영국의 역사학자이면서 중세와 튜더 왕조 전문가로 BBC에서 관련 방송을 담당하고 있는 헬렌 카스터(Helen Castor)는 엘리자베스 1세에 대하여 다음과 같이 분석하고 있다.

"어쩌면 괴물처럼 여겨지던 아버지 헨리 8세보다 엘리자베스 1세는 더 빨리 그 존재가 떠오르는 시대의 아이콘이었다고 할 수 있다. 하지만 그녀는 여전히 수수께끼처럼 우리에게 인식되어 있다. 그녀에 대한 이미지 중 글로리아나(Gloriana, 엘리자베스 여왕의 별칭)는 가면(假面)이랄 수 있다. 말 그대로 그녀의 삶에 있어서 마지막 20년 동안 그려지고 알려진 초상화는 '젊음의 가면'이라는 뜻이다. 그 그림에서 엘리자베스의 주름이 전혀 없는 얼굴은 늙지 않고 변함이 없다. 가면이라는 방식은 이전에도 그랬고 지금도 전혀 변함이 없다."

엘리자베스 1세는 많은 연설을 했고 편지와 시를 썼으며 국가와 사회를 위한 기도도 했다. 그렇게 공개적으로, 사적으로 또는 여러 궁정 대신에게 언급한 것들이 기록으로 남아 있다. 그렇지만 그녀가 실제 의미했던 바를 확실히 파악하기는 어렵다고 한다. 그녀가 당시 썼거나 말한 모든 단어에 나타난 지적 수준만큼은 분명하며, 그녀의 의도와 감정, 어조와 진정성 등이 항상 조심스럽게 구성된 공식적 자아라는 표면 뒤에 숨겨져 있었기 때문이다.

그녀에 대하여 자세히 읽어내기 힘든 것은 역사 속에서 밝은 면만으로 다루어졌던 속임수라고 볼 수는 없다. 그녀는 후손에게나 동시대 사람들에게 이해하기 어려운 존재였다. 런던 주재 스페인 대사가 1566년에 쓴 것처럼 - 특히 엘리자베스가 결혼을 선택할 것인지에 대한 개인적으로나 정치적으로 난처한 문제에 관해 - "그녀의 제안은 매우 날카로운데 또 한편으로 왔다갔다 한다. 무엇이 그녀가 가장 친밀하게 여기는 대상인지 이해하지 못하므로 그녀의 그런 의도에 대하여 복잡하게 해석하게 된다." 그렇게 그녀의 발언에 대한 의도를 확신하기 어려웠다면, 그녀의 침묵을 해석하는 일은 더 어렵게 된다.

그녀가 단호하다고 할 수 있을 정도로 침묵을 지키게 된 그녀 삶에 있어서 근본적인 사건으로는 아직 세 살도 되지 않았던 1536년 5월, 어머니 앤 볼린이 아버지의 명령으로 처형되었던 일을 들 수 있다. 그것은 아이가 무섭도록 예측 불가능한 미래에 직면하게 되는 매우 충격적인 순간이었다. 그래서인지 그녀는 그후 한 번도 어머니의 이름을 말하지 않았다. 또 처형에 대한 책임자였던 아버지를 매우 두려운 사자(lion)로 여겼다.

엘리자베스는 점차 자신의 주위 환경부터 관찰했고, 조심스럽게 적응을 시도하면서 어머니의 친척과 함께 하기로 결정한다. 말년에 그녀는 자신과 어머니의 미니어처 초상화를 공개하기 위하여 뚜껑이 열리는 아름다운 반지를 간직했다. 그런 침묵의 행동 뒤에 숨은 구체적인 감정을 설명하는 일은 거의 불가능하다. 하지만 그것을 해석하더라도 어머니의 폭력적인 죽음이 그녀에게 아무런 것도 남기지 않았다는 증거 역시 찾아볼 수 없다. 적어도 그녀의 내면에는 과도한 자신감이 아닌, 뿌리 깊은 불안을 낳을 수 있는 일종의 정서적 외상(trauma)과 그에 따른 부조화가 형성되었을 것이라는 가설은 충분하다.

그녀는 자신의 어머니가 다섯 명의 남자와 간통한 혐의로 유죄 판결

대관식 복장의 엘리자베스 1세(Elizabeth I in Coronation Robes), 무명 작가, 1600 and 1610 copy of a lost original of c. 1599, 127.3×99.7cm, National Portrait Gallery, London

을 받았고 그중 한 사람이 외삼촌이었으며 그들 모두 함께 참수되었다는 사실을 알고 자랐다. 그런 가운데 그녀의 아버지는 그의 승인 없이 나은 삶을 희망할 수 없는, 유일하게 남아 있는 확실성이라는 존재였다. 12세의 엘리자베스는 헨리 8세에게 다음과 같이 썼다. 이는 그녀가 아버지에게 쓴, 유일하게 남은 편지이다.

"가장 자비로운 아버지, 신성한 법과 아울러 모든 의무에 따라 다양한 방편으로 당신이라는 폐하에게 결속되어 있습니다.…"

보다 확실한 사실은 어머니가 죽었을 때 그녀는 너무 어려서 자신의 위치가 매우 위태로울 수도 있었다는 사실조차 기억할 수 없었다는 점이다. 세 살도 되기 전의 그녀는 더 이상 왕위 계승자도, 공주도 아닌, 어머니와 아버지의 결혼 무효 결정에 따라 단순히 '엘리자베스 아가씨'라는 명칭의, 일종의 사생아가 되었다. 이러한 지위에 대한 변화 없이 1544년의 왕위계승법에 의해 엘리자베스와 그녀의 이복 언니 메리를 동생 에드워드 왕실에 대한 상속인으로 지명되었다. 이는 헨리 8세의 사생아 지명의 연장이었다.

그들의 아버지가 고민을 전혀 하지 않은 듯 모순에 빠지면서 점차 엘리자베스의 미래는 정치적으로 궁지에 몰렸다. 당시 대부분 왕실 여성의 운명은 국내 및 대외 외교의 움직임에 따라 높은 신분의 남편과의 결혼으로 결정되었다. 엘리자베스와 그녀의 이복 언니는 그런 결혼 게임에서 그 가치를 평가하기가 쉽지 않았지만 언젠가는 여왕이 될 수도 있는 왕녀들이기도 했다. 정치적으로도 엘리자베스는 자신 앞에 놓인 삶을 결코 확신할 수 없었다. 그러는 가운데 어머니의 가혹한 운명과 결혼이 가져다 줄 수 있는 신체적, 정치적 위험에 대하여 비교적 의혹이 덜한 삶을 이어 갔다. 아홉 번째 생일이 되기 전에 그녀는 세 명의 계모를 얻었고 잃었는데 제인 시무어, 클레페의 앤, 캐서린 하워드가 그들이었다.

네 번째 계모인 캐서린 파는 1543년 여름부터 왕가의 세 남매를 불러 이른바 가족과 같은 생활을 하게 하였다. 그러나 아버지의 궁정에서 벌어지는 정치적 격랑은 가깝게 전달되었고 그녀를 보호할 의무가 있던 왕위 계승자로서의 동생 에드워드 역시 스페인 혼혈 언니 메리처럼 그리 친밀한 편이 아니었다. 1547년 1월 헨리 8세의 사망 이후 그녀에 대한 존재의 불확실성은 더 커졌다. 1548년 2월 무렵에 엘리자베스는 과부가 된 캐서린 파와 그녀의 새 남편 토마스 시무어와 함께 살게 되었다. 이때 엘리자베스에게 취한 무례한 행동과 그 저의로 인하여 토마스 시무어 스스로 죽음을 재촉한 일이 벌어지고 말았다. 지켜보던 에드워드 왕과 각료들은 시무어를 체포한 후 반역 혐의로 사형에 처했는데 이때 엘리자베스는 15세였다.

엘리자베스는 시무어의 접근에 저항하지 않았다. 잘 생기고 세심한, 나이 든 남자에 대한 사춘기 소녀의 호감보다는 그렇게 다가오는 그 남자와 결혼과 같은 일이 벌어지리라는 생각을 전혀 못했기 때문이었다. 그때 시무어는 당연히 엘리자베스를 빌미로 왕위를 차지하려 했었다. 이 사건으로 그녀는 외국으로 보내지면서 왕실의 공주들이 겪어야 했던 운명에서 벗어나게 되었다. 일단은 다행스러운 일이었다.

당시 진행되었던 토마스 시무어의 재판에서 엘리자베스도 심문을 받게 되는데 요점은 토마스 시무어의 성적 희롱 또는 폭행의 정도였다. 그녀를 담당했던 로버트 티르윗 경(Sir Robert Tirwhit)은 "그녀가 매우 재치 있는, 뛰어나고 멋진 사고를 가졌다는 사실 외에는 아무 것도 얻을 수 없다"라고 썼다. 그후 엘리자베스는 어머니의 죽음 이후 또 다른 사건으로 교훈을 얻었다는 마음으로 조용히 독서하며 지내면서 불확실한 미래에 대비했다.

1553년 에드워드가 세상을 떠난 다음, 왕위 계승을 위한 또 한번의 소용돌이(제인 그레이, 메리 1세로 이어지는 역사)에 휘말렸다. 그 과정에서 그녀는 반역에 다시 엮일 수 있다는 심리적 갈등 등으로 신체적 어려움까지 겪게 되었다. 건강 이상으로 잠을 잘 수 없었지만 시무어 사건 당시와 마찬가지로 굳건하고 냉정하게 평정심을 유지해야만 했다. 다행히 그녀와 관련된 음모는 전혀 없었지만 당시 메리 1세가 의심을 갖고 그녀를 다그쳤다면 상황은 또다시 어려워졌을 것이다. 그때 진실의 편이었다고 할 수 있던 스페인 대사는 이를 악물고 "엘리자베스를 정죄할 증거가 충분하지 않다"라고 주장했다.

1558년 25세의 나이로 왕위에 오를 무렵 엘리자베스는 권위와 정치적 권한은 있었지만 그리 안전한 입장은 아니었다. 하지만 이미 그녀가 갖추었던 조심스럽고 미묘하며 예리한 지능은 세상과의 상호 작용에 가면을 쓴 모습으로 위장되었다. 그녀는 지켜보고 기다리며, 친구를 사려깊게 선택하고, 적들을 더욱 신중하게 관찰하는 본능을 가졌다. 자신과 왕국에 대한 돌연한 위협이 증가함에 따라 그녀는 새로운 모습이라는 여왕으로의 길로 인도되었다. 파악하기 어려웠던 그녀였지만 가능하면 쾌활함을 유지하면서도 누구나 볼 수 있는 곳에서 숨어 있는 존재이기도 했다.

통치 초기 그녀는 종교, 혼인, 국내 정치 논의, 외교에 관하여 명확한 입장을 취하면서 자신이 모든 일을 할 수 있다는 이유로 그녀를 움직이려는 어떠한 시도도 거절했다. 각료들은 변화, 전쟁, 혼인, 상속인 지명 등에 대한 그녀의 방법에 의문을 제기했지만, 군주로서의 엘리자베스의 야심은 일관되었다. 그녀는 돌이킬 수 없는 행동으로 위험을 촉발하기보다 현재 상황에서 파악된 위험들을 우선 관리하고자 했다. 그렇게 완전하지 못한 경험 속에서 잉글랜드 역사상 가장 주목할 만한 군주 중 한 명이 나타날 수 있음이 확실해졌다.

엘리자베스 1세(4)

당시 보는 이들에게 의미 전달을 하기 위한 장미, 기도서와 같은 상징적 물건들을 엘리자베스 1세의 초기 초상화에서도 볼 수 있다. 그렇지만 후기 초상화에서는 자신의 제국을 나타내는 것들(지구, 왕관, 검, 기념 기둥)과 달, 진주와 같은 고전적 순수함이 복합적으로 나타나 있다. 이런 이면에는 '처녀 군주'를 표현하고자 하는 뜻도 담겨 있었다.

아버지 헨리 8세 때부터 튜더 왕실에서는 초상화 전통이 생겨났는데 채색 필사본(illuminated manuscript)에서 비롯된 초상화 미니어처도 그중 하나이다. 이 작은 인물 이미지는 매우 힘든 과정을 거쳐 양피지 위에 수채화로 그려진 다음 딱딱한 카드놀이 판 위에 접착되어 굳혀진 것이었다. 유화로 그려진 패널(panel)화는 철저히 준비된 소묘 위에 실물 크기로 그려졌다. 잉글랜드 궁정에서의 초상화는 외국 군주에게 선물로 주고자, 또는 드물게 예비 구혼자에게 보여주기 위한 용도로 제작되었다. 이후 궁정은 여왕에 대한 그들의 헌신을 보여주기 위해 매우 상징적인 그림을 의뢰했으며, 엘리자베스 시대 후반기 잉글랜드 각 지방의 세련된 갤러리들은 초상화 세트로 가득차게 되었다.

튜더 왕조 시기 화가들의 스튜디오는 '승인받은 얼굴 패턴(approved face patterns)' 또는 인정받은 여왕의 그림을 작업하여 내놓았다. 격동의 시기에 왕위에 대한 충성과 존경을 위한 중요한 상징으로 그녀의 이미지를 원하는 많은 수요를 충족시키기 위하여 묵시적인 규정이 만들어졌던 것이다. 당시 영국 초상화가가 사용할 수 있는 가장 인상적인 초상화 제작

무적함대 초상화(The Armada Portrait), George Gower, c.1588, 105×133cm, Woburn Abbey, Woburn, Bedfordshire

기준은 16세기 전반부의 뛰어난 북유럽 플랑드르 화가인 한스 홀바인 2세가 그린 여러 초상 작품이었다고 볼 수 있다. 잉글랜드 궁정에 실물 크기의 전신(全身) 초상화를 익숙하게 느끼도록 제작했던 대단한 화가 홀바인의 작품 원본은 현재 남아 있지 않다. 1698년에 파괴된 화이트홀에 있는 그의 위대한 왕조 벽화 등과 더불어 다른 원본 대형 초상화에 엘리자베스 시대 작가들은 친숙해졌을 것이다.

　1570년대부터 여왕에 대한 숭배 분위기가 서서히 만들어졌는데, 왕립 초상화미술관 관장을 역임했던 미술사가이자 여왕 초상화 전문가 로이 스트롱 경(Sir Roy Strong)은 이를 두고 글로리아나 숭배의 시작이었다고 규정한다. 그는 그것이 공공 질서를 확립하기 위하여 교묘하게 만들어졌으며, 더욱이 종교개혁 이전에 있었던 사이비 종교, 동정녀 숭배, 성인 숭배 등 일련의 가톨릭 또는 관련 이미지, 의식, 행사와 같은 세속적 행위들을 대체하기 위해 의도적으로 만들어졌다는 사실을 지적했다.

그리하여 여왕 즉위 기념일의 화려함, 궁정의 축시, 엘리자베스의 상징적인 초상화 등으로 그녀에 대한 숭배 분위기가 만들어지기 시작했다. 그러했던 여왕의 이미지 관리와 홍보는 그녀의 통치 마지막 10년 기간에 절정에 다다랐다. 나이가 든 여왕의 사실적인 이미지는 시간이 지남에 따라 현실을 무시한 채 영원히 젊게 보이도록 만드는 모습으로 바뀌었다. 언제였는지 모르지만 여왕이 천연두를 앓아 얼굴에 남은 흔적을 지우고자 그렇게 할 수밖에 없었다는 말도 있다.

그런 과정에 나타난 기준과 양식은 1585년경의 단리 초상화(the Darnley Portrait)에 처음 적용되었다. 이것의 특징은 우선 여왕 옆 탁자에 왕관과 홀(笏, sceptre)이 있으며, 나중에 다시 제작되면서 추가되었던 것들로는 착용하되 들고 있지 않는, 튜더 왕가 소품들에 의한 왕권 상징물의 등장이었다.

여왕은 1570년 교황 비오 5세에 의하여 파문을 당하면서 스페인의 필립 2세와의 갈등이 고조되었다. 이는 스코틀랜드의 여왕이자 굳건한 가톨릭교도였던 메리 1세가 잉글랜드에서 사망하면서 최고로 치달았다. 그러한 긴장과 경쟁은 수십 년 동안 지속되어 신대륙의 발견과 정복을 위해 바다와 육지에서 시도된 스페인 함대의 침공으로 절정에 달했다.

이러한 배경 속에 대양의 지배권을 기반으로 한 제국의 깊은 의미를 담은 여왕의 초상화 시리즈 중 첫 번째가 나타났다. 그것은 처녀성을 지닌 여 군주를 나타내는 상징이 결합되어 그녀를 운명적인 개신교 수호자로 나타낸 그림이었다. 그렇게 이루어진 '대양의 처녀이자 황녀'의 이미지는 황금 시기의 도래와 그 궤도를 함께 했다.

'무적함대 초상화(The Armada Portrait)'는 1588년 스페인 함대를 패배시 키면서 제국의 상징으로 떠오른 여왕을 묘사한 우화적 패널화이다. 이는 초상화 석 점으로 남아 있고 관련한 몇 점의 회화도 볼 수 있는데, 베드퍼드 공작(Dukes of Bedford)의 영지 중심에 있는 워번 수도원의 버전은 1581년에 고위직 화가로 임명된 조지 가우어(George Gower)의 작품으로 알려졌다.

여왕에 대한 도상학적 이미지들로 만들어진 다양한 신화와 상징주의는 스페인 함대를 물리친 이후 몇 년 동안 장식용 직물 작품으로도 나타났다. 시, 초상화 및 노천 행사 등에서 여왕은 정의로운 처녀인 아스트라이아(Astraea)임과 동시에 사랑의 여신 비너스로까지 찬미되었다.

이어진 디츨리(Ditchley) 초상화는, 은퇴했지만 여왕의 대단한 옹호자였던 디츨리의 헨리 리 경(Sir Henry Lee)의 옥스퍼드셔(Oxfordshire) 집에 있었던 것으로 보이는데, 아마도 1592년 여왕이 이틀간 디츨리를 방문한 기념으로 제작되었을 것이다. 이 그림은 마커스 지어래츠 2세(Marcus Gheeraerts the Younger)의 작품으로, 화가의 후원자인 리가 여왕의 행차에서 만들었던 것이 거의 확실하다. 이미지에서 여왕은 잉글랜드 지도 위에 서 있는데 그녀의 발은 옥스퍼드셔를 딛고 있다. 그림은 잘렸고 잘 그린 편이 아니라 설명문과 단시(短詩, sonnet)가 불완전하다. 배경에는 폭풍이 몰아치지만 그녀 앞에서 태양이 빛나고 있으며 왼쪽 귀 언저리에 천체 또는 천구 형태의 보석을 착용하고 있다. 이 그림의 몇몇 버전은 아마도 지어래츠 2세의 작업실에서 우화적인 부분이 제거되고 원본에 있는 극도의 사실주의적 얼굴이 보다 '부드러워진' 상태로 제작된 것 같다. 그중 하나는 투스카니 대공(Grand Duke of Tuscany)에게 외교 선물로 보내져 지금은 피렌체 피티 궁전(Palazzo Pitti)에 있다.

1596년을 비롯하여 1603년 여왕의 사망 사이 날짜가 남아 있는 초상화에는 나이 든 여왕의 모습은 보이지 않는다. 원래의 모습에 충실한 유사성은 1597년 앙드레 위로 드 메스(André Hurault de Maisse)가 1597년 프랑스 앙리 4세의 특명대사(Extraordinary Ambassador)가 되어 65세의 여왕과 함께 궁정인들을 만난 후 작성한 보고서에서 볼 수 있듯이 동시대인들의 기록에서만 찾을 수 있다. 그후 거의 모든 이미지가 1590년대에 니컬러스 힐리아드(Nicholas Hilliard, 여왕 즉위 초창기 세밀한 초상화를 그렸던 금세공가)가 처음 고안했던 여왕의 얼굴 형식을 따르고 있다. 이는 엘리자베스에게 항상 젊음을 유지하도록 '젊음의 가면'을 씌운 것이라고 미술사학자들은 입을 모으고 있다.

힐리아드와 그의 스튜디오에서 제작한 약 16점의 세밀화는 이 얼굴 모형을 기반으로 했던 것으로 알려져 있으며, 의상과 보석의 다양한 조합이 실제에서도 그렇게 그려졌을 가능성이 있다. 대관식 예복을 입은 엘리자베스의 두 초상화가 1600년 또는 그 직후의 작품으로 남아 있다. 하나는 유화로 그려진 패널 초상화이고 다른 하나는 힐리어드가 그린 미니어처화이다.

마커스 지어래츠 2세가 그린 것 중에서 아마도 여왕의 가장 상징적인 초상화는 허트필드 하우스의 '무지개 초상화(Rainbow Portrait)'일 것이다. 작품은 여왕이 60대였던 1600년에서 1602년경의 것으로, 이 그림에서 여왕은 마치 나이를 초월한 듯이 가면을 쓴 것과 같은 모습에 봄꽃으로 수 놓은 린넨으로 된 의상과 한쪽 어깨에 외투를 걸치고 환상적인 머리 장식과 느슨한 머리카락을 드러내고 있다. 그녀는 눈과 귀를 가릴 수 있는 망토를 입고 있으면서 지혜의 뱀, 천공과 천구를 포함한 인기 있는 문장(emblem) 서식에서 찾아낸 상징을 착용하고 'non sine sole iris(태양 없이는 무지개가 없다)'라는 구호로 무지개를 실어 나르고 있다.

엘리자베스 1세가 이룬 역사적인 업적은 우선 종교 분쟁을 지혜롭게 해소했다는 사실을 들 수 있다. 그녀가 취했던 중용 정책은 성공회 중심으로 개혁을 이룬 보편적 교회로 고유의 정체성을 갖게 하였다. 경제 정책으로 모직물 공업을 육성하고 장려하였기 때문에 농촌을 중심으로 급속히 경제가 발전할 수 있었다. 그러나 양을 키우기 위해 목초지를 확대한 인클로저(Enclosure)가 광범위하게 이루어지면서 토지에서 쫓겨난 농민들이 전국을 떠돌아다니는 일이 벌어져 치안에 문제가 생겼다. 당시 농지를 잃은 농민들의 방황은 심각해서 토머스 모어(Thomas More)는 저서 〈유토피아(Utopia)〉에서 양이 사람을 잡아먹는다고 했을 정도였다. 그러자 여왕은 사회 복지 정책의 일환으로 구빈세(救貧稅)를 실시하여 빈민구제법과 함께 적용했다.

그녀의 위대한 외교적인 치적은 스페인과의 관계에서 우위를 점하게만든 일이다. 잉글랜드는 계속되는 외국과의 결전 속에서 국민의 정신적결속과 일체감을 이루었고, 한편으로 국민 문학의 황금기가 되기도 했다. 아울러 당시 잉글랜드인 많은 수가 집에서 악기를 즐겼을 정도로 문화의 꽃이 피었다. 이 시대를 훗날 사람들은 '엘리자베스 시대'라고 부르게 된다.

조지 가우어

조지 가우어(George Gower, 1540~1596)는 1581년 엘리자베스 1세 여왕 궁정에서 최고 책임자 급 지위에 있던 영국 화가였다. 그 외에 그에 대하여 알려진 것들은 거의 없는데 다만 노스 요크셔 스티튼햄(Stittenham, North Yorkshire)의 존 가우어경(Sir John Gower)의 손자였다는 사실과 함께 현재 런던 테이트 갤러리에서 볼 수 있는 토마스 키촌 경 부부(Sir Thomas Kytson and his wife Lady Kytson) 각자의 초상화를 그렸다는 기록이 남아 있다.

1579년, 그는 자신의 문장(紋章)과 함께 화가의 상업적 의도를 나타내는 자화상을 그렸는데 그렇게 이루어진 우화적 묘사는 가문의 문장을 넘어서는 예술가의 지평이란 점을 강조하고

조지 가우어

있다. 이는 화가가 단지 장인으로 간주되던 당시 영국의 분위기로 보아 놀랍기만 하다.

그는 1579년 폴저 셰익스피어 도서관에 있는 엘리자베스 1세의 초상화(Plimpton 'Sieve')를 그린 일로도 유명하다. 여왕이 들고 있는 조리(sieve)는 순결을 증명하기 위해 그곳의 물을 거르는, 처녀 여왕으로의 지위를 나타내는 것으로 로마 시대 신성으로 순결했던 투치아(Tuccia)를 의미한다. 그녀의 오른쪽 어깨 너머로 보이는 지구본은 세계 제국 지도자로서의 그녀의 위치를 상징한다.

가우어는 1581년 여왕에 의하여 책임급 화가로 임명되어 이후 영국 귀족의 대부분을 그릴 수 있었다. 그가 맡았던 직책은 그림 그리는 일과 더불어 왕실 저택, 마차 및 가구의 여러 장식까지 도맡는 것이었다. 그리하여 그의 작품 중에는 햄프턴 궁에 있는 분수(지금은 소실됨)와 천문시계도 있다. 그는 또한 다른 화가들이 그린 여왕의 초상화들을 공식 발표 이전에 살펴보고 바로잡은 일도 맡았다. 현재 워번 사원에 있는 여왕의 함대 초상화(Armada Portrait of Elizabeth)는 1588년 스페인 함대를 격파한 일을 기념하기 위해 그린 것으로, 국립초상화갤러리에 축소된 그림이 있었다. 가우어는 런던에서 사망했다.

프랑수아 클루에

장 클루에(Jean Clouet)는 네덜란드 남부에서 태어나 나중에 프랑스 궁정 화가이자 모형작가가 되었는데 프랑스 왕가 구성원들에 대한 상세한 묘사로 유명했다. 그의 아들이 바로 프랑수아 클루에(François Clouet, 1510~1572)로, 투르에서 태어나 아버지의 명성을 이어받은 화가였다. 프랑수아 클루에에 대한 최초의 언급은 1541년 12월의 문서에서 볼 수 있다. 그 내용은 외국인이 남긴 것으로, 국왕에게 귀속되었던 그의 아버지의 재산을 아들에게 양도하면서 급여 역시 아버지가 받다가 중단되었던 시점에서 다시 받기 시작했다는 것이었다. 이는 아들 클루에가 아버지를 존경하면서 그의 일을 적극적으로 도왔기 때문에 가능한 일이었다. 이후 제작된 적지 않은 작품이 그의 것으로 간주되고 있으며 그는 아버지의 명성을 뛰어넘을 정도로 많은 노력을 기울였다.

남겨진 글들을 보면 프랑수아 클루에를 찬양하는 내용 일색이었는데 이는 세월이 지나도 존중되었다. 또 그의 많은 그림 역시 시간이 지나면서도 그가 제작했던 것으로 추호의 의심 없이 인정받았다. 그래서 그의 작품이라는 원본 증명은 없으며 일반적으로 인정되는 등재 서류

프랑수아 클루에

같은 것도 남아 있지 않다. 그는 우피치미술관과 루브르미술관에 있는 프란시스 1세의 초상화와 그에 관련된 다양한 소묘 작품들도 남겼다. 또한 베르사유 궁전에 있는 다른 작품 캐더린 데 메디치(Catherine de Medici)의 초상화도 그가 그렸고 관련 작품들 역시 그가 만들었을 가능성이 매우 높다.

그의 가장 주목할 만한 초상화 중 하나는 국립도서관에 있는 소묘용 분필로 그려진 스코틀랜드 여왕 메리 스튜어트의 초상화이며 그와 비슷한 두 초상화 작품들로는 샤를 9세의 초상화와 샹티이에 있는 프랑스의 마거리트 초상화이다. 그렇지만 모름지기 그의 걸작을 들자면, 루브르미술관 있는 오스트리아의 엘리자베스 초상화로 보인다. 이 작품은 나중에 클로드 레비-스트로스(Claude Lévi-Strauss)에게 중요한 인상을 남기면서 그의 책 〈야만인의 마음(The Savage Mind)〉에서 '모형 작가 모델'로의 예술과 예술 작품 이론에 영감을 불어넣었다.

그때 만들어진 여러 모형 작품이 그의 것으로 여겨지는데 그중 제이 피 모건(J. Pierpont Morgan) 컬렉션에 있는 헨리 2세의 반신형 인물 중 하나는 매우 주목할 만하다. 그의 또 다른 초상화는 빅토리아 앤 앨버트미술관의 컬렉션에 있는 달렝송의 공작 프랑수아(François, duc d'Alençon)의 초상화이다. 프랑수아 클루에는 성 바르톨로메오 학살 직후인 1572년 12월 22

상복을 입은 메리 스튜어트(Mary, Queen of Scots in white mourning for her husband), François Clouet. c. 1560, 37.5×26.5cm, Musée Carnavalet, Paris

일에 사망했으며, 여동생과 두 명의 사생아를 언급하면서 상당량의 재산을 그들에게 남긴 유언장이 아직 남아 있다. 그의 딸들은 후에 수녀가 되었다고 한다. 세부의 정교한 마무리, 소묘에서의 극도의 정확성, 초상화 전반에서 느껴지는 절묘한 완성도 등이 그가 이룩한 작품 세계의 특징이었다. 그는 높은 지능을 소유했으며 뛰어난 통찰력으로 자신이 맡은 일에 깊은 의미를 부여하면서 작업했다.

소포니스바 앙귀솔라

소포니스바 앙귀솔라(Sofonisba Anguissola, 1532~1625)는 롬바르디아 크레모나(Cremona)의 귀족 가문에서 태어난 이탈리아 르네상스 시기 여성 화가였다. 그녀는 교양 있는 부모의 뜻에 따라 미술을 포함한 전인 교육을 받았고 화가가 되기 위하여 어렵기만 했던 도제 수업부터 받았다. 어린 여성임에도 로마까지 가서 미켈란젤로를 만났는데 이때 미켈란젤로는 그녀의 능력을 바로 알아차렸고, 이어 그녀는 밀라노에서 알바 공작을 그렸다. 1559년, 매우 실력 있는 아마추어 화가였던 스페인 왕비 엘리자베스 발루아에게 스카웃되어 그녀를 가르치면서 높은 자리의 궁정 직원이 되었다. 이후 그녀의 스타일이 점차 세련되어지면서 궁정에서 원하던 양식을 갖추게 되었고 국왕 필립 2세의 공식 궁정 화가가 되었다.

소포니스바 앙귀솔라

앙귀솔라는 자신의 작품만큼이나 화가로서 모범이 되면서 다음 세대의 미술가들에게 지속적인 영향을 미쳤다. 그녀가 거둔 큰 성공은 더 많은 여성이 미술가로 진출하여 경력을 발휘하게끔 고취시켰다고 할 수 있다. 그녀의 작품들은 보스턴(Isabella Stewart Gardner Museum), 밀워키(Milwaukee Art Museum), 베르가모(Bergamo), 브레스치아(Brescia), 부다페스트(Budapest), 마드리드(Museo del Prado), 나폴리, 시에나의 미술관과 피렌체의 우피치미술관에서 볼 수 있다.

〈르네상스 미술가 열전〉을 썼던, 그녀와 같은 시대의 화가 지오르지오 바사리(Giorgio Vasari)는 그녀를 두고 "그림을 그리는 노력에서 우리 시대의 어떤 여성보다 더 큰 능력과 대단한 우아함을 보여주었다. 그녀는 자연에서 작업하며, 구성하고, 색을 입혔는데 다른 사람들의 탁월한 점을 가져오는 일에 성공했을 뿐만 아니라, 스스로 귀하며 매우 아름다운 그림을 그렸다"라고 언급했다.

부유한 집안에서 태어난 그녀의 아버지는 귀족 의회의 의원이었고 어머니 역시 대대로 내려온 귀족 가문 출신이었다. 미술에 소질이 있던 어머니는 딸을 여럿 두었는데 그들에게 그림을 그리도록 지원을 아끼지 않아 모두 화가가 되었다. 그중에서도 소프니스바 앙귀솔라는 뛰어난 실력을 나타내면서 가장 큰 성공을 거뒀다.

앙귀솔라는 베르나르디노 캄피(Bernardino Campi)에 이어 코렛지오(Correggio)의 제자였던 베르

스페인의 필립 2세(Portrait of Philip II of Spain), Sofonisba Anguissola, 1573, 88×72cm, Museo del Prado, Madrid

나디노 가티(Bernardino Gatti)로부터 배운 후 22세 되던 1554년 로마로 갔다. 그곳을 둘러보며 스케치하며 지내다가 미켈란젤로에게 소개되어 자신의 그림들을 보여주었는데 그때 미켈란젤로는 그녀에게 소묘 테크닉을 비롯한 회화의 기본을 다시 알려주었고, 그러면서 그녀는 적어도 2년 동안 로마에 머물렀던 것으로 기록되어 있다.

그녀가 받았던 교육은 남성과 다른 범위일 수밖에 없었는데 그것은 당시 남성과 여성은 별개의 영역에서 일했기 때문이다. 당초 그녀에 대한 주위의 기준은 남성 화가들과 그림 주문을 놓고 경쟁해야 하는 직업인이 아닌, 더 나은 아내, 배우자, 어머니로 국한되어 있었다. 그녀가 당시의 다른 여성들보다 훨씬 더 많은 격려와 지원을 받았음에도 사회에서는 그녀가 성의 제약을 초월하는 것까지는 허용하지 않았다. 구체적으로, 해부학을 공부하거나 여성이 누드를 보는 것은 용납될 수 없는 것으로 간주되었고, 대규모 종교 또는 역사화 작업에서 필수적이었던 여러 인물 구성 역시 남성 위주였다. 대신에 그녀는 유명한 작품들인 색다른 자화상(1554,

Kunsthistorisches Museum, Vienna)과 아밀카레, 미네르바 및 아스드루발레 앙귀솔라의 초상 (Portrait of Amilcare, Minerva and Asdrubale Anguissola, 1557-1558, Nivaagaards Malerisambling, Nivå, Denmark)과 같은, 그때까지 알려지지 않은 주제를 설정하여 새로운 스타일의 초상화를 실험했다.

그녀는 스페인 궁정 화가로 성공의 길을 달리던 도중 왕비의 죽음으로 인하여 인생의 전환점을 맞았다. 그때 그녀의 나이 40세에 가까웠는데 국왕으로부터 결혼 주선과 대단한 경제적 지원을 받으면서 시실리 총독이었던 왕자의 아들 파브리치오 몬카다 피나텔리(Fabrizio Moncada Pignatelli)와 결혼했다. 그렇지만 결혼한 지 얼마 안 되어 남편이 의문사하고 말았다. 이후 고향 크레모나를 향하던 배에 탔던 그녀는 선장이자 해상 무역에 종사하던 오라치오 로멜리노(Orazio Lomellino)와 사랑에 빠져 1584년 피사에서 결혼식을 올렸다. 로멜리노가 부자였고 자신도 국왕 필립 2세로부터 대단한 경제적 지원을 받았기 때문에 그녀는 말년에 그림 그리기에만 집중하면서 편안하게 보낼 수 있었다. 그녀는 주로 종교적 주제에 매달렸고, 제노아에 살다가 팔레르모로 이사한 이후 1620년 자신의 마지막 자화상을 그렸다.

플랑드르의 저명한 초상화가 안소니 반 다이크(Anthony van Dyck)가 1624년 그녀의 초상화를 그렸고 관련하여 기록을 남겼는데, 92세였음에도 그녀에게는 정신적으로 매우 날카로운 기운이 남아 있었다고 적었다. 구체적으로 말하면 1624년 7월, 젊은 화가 반 다이크가 그녀를 방문했고, 이때 그는 자신의 스케치북에 여러 장면을 기록했다. 그녀를 96세로 여겼던 그는 '시력이 약해졌지만' 정신적으로 그녀는 여전히 깨어 있었다고 말했다. 그때 그림에 대하여 언급한 조언의 글이 요약되어 남아 있으며, 그때 나누었던 대화가 자신의 인생에서 그 어떤 것보다 회화의 '진정한 원칙'에 대해 더 많은 가르침을 주었다고 반 다이크는 언급했다. 시력이 매우 약해진 그녀는 이후 부유한 미술 후원자로의 삶을 살다가 1625년 팔레르모에서 93세의 나이로 세상을 떠났다.

찰스 1세와 올리버 크롬웰

　독신으로 살았던 엘리자베스 1세에게는 당연히 자식이 없었다. 따라서 그녀는 스코틀랜드 국왕 제임스 6세(1566~1625)를 자신의 후계자로 결정하는 유언을 하고 세상을 떠났다. 제임스 6세는 잉글랜드에서는 국왕 제임스 1세로 즉위했는데 사실 잉글랜드의 국내 사정과 정치적 환경을 잘 모르는 상태였다. 그는 종교 갈등으로 스코틀랜드에서 축출된 후 잉글랜드로 망명했다가 엘리자베스 1세에 의하여 반역죄로 처형된 스코틀랜드의 메리 1세의 아들이기도 했다. 그의 즉위는 헨리 8세의 아버지 헨리 7세가 시작했던 튜더 왕조에 이은 스튜어트 왕조의 시작이었다. 스튜어트 왕가는 14세기부터 스코틀랜드의 왕실이었으며, 스튜어트는 스코틀랜드의 최고 궁내 관직(Steward)의 별칭(Stewart/Stuart)에서 비롯된 이름이다.

　강력한 왕권신수설에 입각한 군주제를 주장한 제임스 1세는 지속적으로 잉글랜드 의회와 충돌을 일으켰다. 반대하는 의원들을 체포했고 이어지는 차기 의회를 해산시키는 무리수를 두었는데 그런 방식이 아들 찰스 1세에게 이어지면서 국왕과 의회와의 갈등은 자꾸만 커졌다. 제임스 1세의 아들 찰스 1세(1600~1649) 역시 왕권신수설을 굳게 믿으면서 신하와 의회 의원들을 강력하게 탄압했는데 그런 와중에 스페인과 전쟁을 해야 하는 상황이 벌어지고 말았다.

　이때 국왕은 전쟁 비용을 충당하기 위하여 세금을 걷어야만 했고 이를 위한 의회의 승인이 필요했다. 당연히 의회는 자신들을 탄압하고 있

제임스 1세의 초상(King James I of England), John de Critz, c. 1605, 196×120cm, Museo del Prado, Madrid

는 국왕의 의도대로 순순히 응해줄 리 없었다. 1628년 의회가 이전에 요구했던 '권리청원(權利請願)'을 찰스 1세가 받아들이자 의회는 국왕의 세금 부과에 동의했다. 문제는 찰스 1세가 세금 징수에 성공한 후 의회의 '권리청원'에 대하여 일방적으로 무효를 선언하고 의회를 해산했다는 사실이다. 이후 11년간 그는 아무런 견제 없이 무소불위의 왕권을 휘둘렀다.

1639년 찰스 1세는 개신교의 장로파를 국교로 믿던 스코틀랜드에 대하여 잉글랜드 성공회식 성찬 전례를 강요했다. 이에 분노한 스코틀랜드는 잉글랜드에 대한 전쟁을 선언했다. 그렇게 시작한, '주교 전쟁(Bishop's Wars)'에도 역시 비용이 문제였다. 찰스 1세는 해산되었던 의회를 재소집했지만, 의회는 그동안 누적된 국민의 불만을 먼저 처리할 것을 주장했다. 그런 반발에 화가 난 찰스 1세는 또다시 의회를 해산하고 독자적으로 전쟁을 수행했지만 스코틀랜드에 패배했고 그 결과 엄청난 금액의 전쟁 배상금 부담을 짊어지고 말았다.

배상금을 위하여 국왕은 다시 의회를 소집했는데 의회는 강경한 물리력을 행사하면서 전쟁 중 국왕의 편에 섰던 귀족들을 찾아내 살해하기까지 했다. 의회는 거기에서 그치지 않고 국왕에게 3년마다 정기적으로 의회를 개최하는 법안과 의원의 동의 없이 의회를 해산할 수 없도록 하는 법안을 받아들일 것, 국왕이 임의로 징수하는 선박세 등의 수정을 강력하게 요구했다.

그렇게 국왕을 압박한 의회는 급기야 프랑스 출신 왕비 헨리에타 마리아(Henrietta Maria of France)가 아일랜드에서의 가톨릭 신자들의 반란과 연관이 있다고 주장하며 탄핵을 요구했다. 이에 왕권에 심각한 위협을 느낀 찰스 1세는 근위병 400명과 함께 의회로 진입하여 자신을 비판한 의원들을 체포하고자 시도했다. 그러나 의원들의 도주로 실패했는데 이후 의회와 국왕 사이의 전면전이 시작되었다.

한편, 가톨릭의 일파였던 예수회는 개신교를 포용하면서 가톨릭 억압 정책을 폈던 엘리자베스 1세 여왕을 제거하려다 1585년 잉글랜드에서 추방당했다. 하지만 이후 지속적으로 잉글랜드를 가톨릭 국가로 만들기 위하여 왕당파와 손잡고 크고 작은 내란과 반란을 모의하고 있었다. 그러던 와중에 내전이 벌어지자 이에 개입한다. 내전이 시작되던 1642년 찰스 1세는 외국에서 모집한 용병들로 압도적인 병력을 갖고 있었다. 그

찰스 1세의 초상(Portrait of King Charles I in his robes of state), Anthony van Dyck, 1636, 248×153.6cm, Royal Collection, London

러나 1645년 의회파를 이끌던 올리버 크롬웰(Oliver Cromwell, 1599~1658)이 이끄는 기갑 기병대가 1646년 6월 옥스퍼드를 함락시키자 전세는 결정적으로 의회파로 기울고 말았다.

1647년 전쟁에 패배한 찰스 1세는 고향인 스코틀랜드로 피신했지만, 그에 대한 감정이 좋지 않던 스코틀랜드는 40만 파운드를 받고 그를 잉글랜드 의회파에 넘겼고, 포로가 된 찰스 1세는 와이트섬에 유배되었다. 결국 1649년 1월 30일 잉글랜드 의회는 찰스 1세를 대역 죄인으로 판결하여 처형하였다. 그런 다음 공화정을 선포하고 '잉글랜드 연방(잉글랜드 공화국)'을 수립하였으며, 전쟁에서 결정적 공헌을 한 올리버 크롬웰을 호국경(Lord Protector)으로 선출했다. 하지만 이후 잉글랜드 연방의 진로는 그리 순탄치 않았다.

1651년 의회파는 왕당파에 승리한 이후, 다시 평화파와 독립파로 분열되었다. 이때 독립파의 지지를 받은 호국경 크롬웰도 갈수록 의회와 마찰을 빚게 되었고 결국 그 역시 의회를 해산하고 말았다. 1658년에 크롬웰이 사망하면서 공화정은 붕괴되었는데 잉글랜드 연방 역시 호국경 올리버 크롬웰의 사망과 함께 종말을 맞이하게 된다. 결국 당시 여러 정파는 심사숙고 끝에 어떠한 권력 집단에게도 절대적인 권력을 실어주지 않기 위해 왕정 복고를 결정하고 말았다. 그에 따라 프랑스로 망명해 있던 찰스 2세가 1660년 5월 런던으로 돌아와 국왕 자리에 올랐다. 찰스 2세는 즉위하자마자 부왕 찰스 1세 사형에 서명한 판사 중 살아 있던 열세 명을 처형했고, 올리버 크롬웰의 무덤을 파헤쳐 부관참시(剖棺斬屍)하는 등의 보복을 감행했다.

올리버 크롬웰의 초상(Oliver Cromwell), Samuel Cooper, 1656, 75.6×62.9cm, National Portrait Gallery, London

존 드 크리츠

존 드 크리츠(John de Critz, Decritz, 1551~1642)는 플랑드르에서 영국으로 와서 제임스 1세와 찰스 1세 때 궁정 화가를 지냈던 인물이었다. 1603년에는 책임급 궁정 화가가 되었다. 그가 태어난 앤트워프에서 그의 아버지는 금속 세공인이었는데 그의 부모는 네덜란드 개신교도들에 대한 스페인의 탄압을 피하여 영국으로 피신했었다. 존 드 크리츠는 1590년대 후반 자신만의 스튜디오를 마련했다.

드 크리츠의 누이 막달레나는 드 히에르(de Heere)의 제자로 추정되는 플랑드르 궁정 화가 마르쿠스 지라에르츠 2세(Marcus Gheeraerts the Younger)와 결혼했다. 드 크리츠의 뒤를 이어 아들 존이 책임급 궁정 화가가 되었지만 그의 아버지는 90세 전후의 나이에 사망했으며 아들 존은 궁정 화가 직책을 맡은 직후 일어난 옥스퍼드 전투에서 사망한다. 또 다른 아들들로는 화가 엠마누엘을 비롯하여 유명한 궁정 화가이자 초상화가 토마스가 있으며 드 크리츠의 세 번째 부인의 아들 올리버도 초상화가였다.

1603년 궁정의 최고 화가로 임명된 그는 초상화 제작, 장식 세부 복원 작업, 왕실 마차와 바지선 그림 및 길드를 비롯한 여러 표식 그리기와 같은 개별 작업 등을 수행했다. 그렇지만 그가 맡았던 일의 범위는 탄력적이었는데 그것은 국왕의 초상화분만 아니라 외국 궁정으로 보낼 왕가 및 귀족의 초상화 복제품 작업 등도 포함되어 있었기 때문이다.

한편, 당시 국왕 제임스는 엘리자베스 여왕과 달리 초상화 작업을 위하여 포즈를 취하는 일을 매우 싫어했다고 한다. 1606년 8월 드 크리츠는 제임스 국왕, 덴마크의 앤, 헨리 왕자의 전신 초상화를 오스트리아 대공에게 보내고자 작업했고, 그 결과 상당한 금액을 대가로 받았다고 한다. 그때 다른 화가들은 좀 더 실력 있던 사람들이 그린 초상화를 모사하거나 복원하는 작업에 참여했으며 풍경화와 배너(banner) 등을 그리는 등 장식적인 일을 했다. 그는, 1606년에 완성된 엘리자베스 1세의 무덤 장식 작업 중 콜트(Maximilian Colt)가 세웠던 대리석상에 금을 입힌 일이었는데 지금은 모두 흔적 없이 사라졌다. 다만 같은 해 그가 소피아 공주의 무덤에 입힌 금도금은 남아 있는 것 같다.

1611년에 그는 덴마크 앤의 서머셋 하우스 드레스룸 벽난로를 다양한 종류의 대리석과 모조

석으로 장식했고, 1614년에는 오틀랜즈(Oatlands)의 예배당에 흑백 대리석 장식을 완료했다. 당시 드 크리츠의 작업실이 런던 어디에 있었는지는 알 수 없지만, 그가 1642년 사망하기 전에 세인트 마틴-인-더-필즈 지역으로 이사한 일은 확실하다. 그는 자신이 이전에 홀본의 세인트 앤드류 예배당에서 30년 동안 살았다고 유언장에 밝혔다. 이후 한 영국 미술사가는 그가 살던 집에 왕의 초상화로 가득 찬 세 개의 방이 있었다고 언급한다. 그는 런던에서 사망했는데 정확한 날짜는 알려지지 않았다.

안소니 반 다이크

안소니 반 다이크

안소니 반 다이크(Sir Anthony van Dyck, 1599~1641)는 플랑드르의 대표적인 바로크 화가로, 영국은 물론 남부 네덜란드와 이탈리아에서 매우 큰 성공을 거두었던 초상화 작가였다. 앤트워프의 부유한 실크 상인의 일곱째 자녀로 태어나 어릴 때부터 그림 그리기에 큰 재미를 붙여 10대 후반에 이미 화가로 독립하였다. 1618년 앤트워프 길드의 주요 인물이 되었고, 그 무렵 당시 북부를 대표하는 화가 피터 폴 루벤스(Peter Paul Rubens)의 화실에서 일하면서 그로부터 큰 영향을 받았다.

반 다이크는 1621년에 몇 달 동안 런던에서 작업한 후 잠시 플랑드르로 돌아왔다가 이탈리아로 여행을 갔고, 1627년까지 주로 제노아에 머물렀다. 1620년대 후반 이미 그는 대부분 다른 예술가들의 초상화 에칭으로 크게 존경받게 되는 도상학 시리즈를 완성했다. 이탈리아에서 돌아온 후 플랑드르에서 5년을 보냈고 1630년부터 플랑드르의 합스부르크 총독인 이사벨라 대공비의 궁정 화가로 일했다. 1632년에는 영국 국왕 찰스 1세의 요청에 따라 런던으로 가서 궁정 화가가 되었다.

그를 비롯하여 그와 같은 시대 사람이었던 디에고 벨라스케스(Diego Velázquez)는 주로 궁정 초상화가로 일하면서 관련 장르에 혁명을 일으킨 탁월한 재능을 가진 최초의 화가들로 인정 받았다. 반 다이크는 귀족, 특히 찰스 1세와 그의 가족 및 동료들의 초상화로 매우 유명해졌 고, 이후 약 150년에 걸쳐 영국 초상화에 대단한 영향을 주었다. 아울러 그는 제단화를 포함 한 신화, 기독교 주제의 그림을 그렸고 이때 기본 스케치에서도 뛰어난 능력을 보여주었는데, 수채화와 에칭에서도 중요한 혁신가였다.

그의 천재성은 이미 15세 때 그린 자화상에서 볼 수 있으며, 그 직후 피터 폴 루벤스의 중요한 도우미가 되었다. 이때 루벤스는 19세의 그를 두고 '최고로 우수한 제자'로 언급했다. 1620 년, 버킹엄 후작 조지 빌리에(George Villiers)의 권고로 반 다이크는 처음으로 영국에 가서 100 파운드를 받고 제임스 1세를 그렸다. 그때 아룬델(Arundel) 백작의 컬렉션에서 처음으로 티치 아노(Titian)의 작품을 본 그는 색상 사용과 형태의 미묘한 모델링에 루벤스에게서 배운 구성 방식을 더하여 더욱 풍부한 표현을 위한 지침으로 삼았다.

그는 약 4개월 영국에 머물다가 플랑드르로 돌아왔고, 그후 1621년 말에 이탈리아로 떠나 그 곳에서 6년 동안 머물렀다. 이탈리아에서 그는 초상화가로서 성공적인 경력을 만들기 시작했 고 아울러 이탈리아 거장들 작품을 면밀히 연구했다. 그리고 대부분 시간을 제노아에서 머물 렀던 그는 다른 도시로도 여행했다.

또한 역사상 최악의 하나였던 1624년 역병이 창궐한 기간 시실리의 팔레르모에 머물면서 그 곳 도시의 전염병의 성녀 성 로살리아(Saint Rosalia)와 관련된 중요한 그림을 그렸다. 프란체 스코회 수도복을 입고 금발 머리를 휘날리며 위험에 처한 팔레르모시를 향하여 사랑과 걱정 의 마음으로 손을 내미는 젊은 성녀에 대한 묘사는 이후 성인을 그릴 때의 표준 도상화가 되 어 이탈리아 바로크 화가들이었던 루카 지오르다노(Luca Giordano), 피에트로 노벨리(Pietro Novelli) 등에게 큰 영향을 주었다.

당시 제노아의 귀족 정치 사회에서 마지막 정점을 찍은 그의 작품 세계는 베로네세(Veronese) 와 티치아노 스타일을 더하여 길고 우아한 모습의 인물이 제노아를 내려다보는 형식으로, 루 벤스로부터 이어받은 자신만의 전신 초상화 방식이었다. 1627년 그는 앤트워프로 돌아가 5년 동안 지내면서 그곳 플랑드르 후원자들을 가능한 한 세련되게 보이도록 보다 친근한 초상화를 그렸다. 그런데 그가 의회를 위해 그렸던 24명의 브뤼셀 시의원들의 실물 크기 단체 초상화는 1695년에 소실되고 말았다.

영국 국왕 찰스 1세는 스튜어트 왕가의 일원 중 가장 열정적인 미술 수집가였으며 그림을 통하여 군주의 위상을 홍보하는 방법을 잘 이해하고 있었다. 1628년 그는 만토바 공작(Duke of Mantua)에게서 그의 멋진 컬렉션을 구입했으며 1625년 즉위 때부터 외국의 저명한 화가들을 영국으로 데려오기 위하여 노력했다. 1626년에 그는 오라치오 젠틸레스키(Orazio Gentileschi)가 영국에 정착하도록 설득했고 나중에 그의 딸 아르테미시아(Artemisia)와 그의 아들들을 합류시켰다. 이때 루벤스 역시 1630년대 회화는 물론 외교 임무까지 부여할 수 있는 특별한 인물이 되어 앤트워프에서 찰스 국왕에게 많은 그림을 보냈다. 그리하여 루벤스는 9개월간의 방문 기간 기사 작위를 받을 정도로 매우 좋은 대우를 받았다.

당시 찰스 국왕의 궁정 초상화가였던 다니엘 미텐스(Daniel Mytens)는 다소 천박하다는 평가를 받던 네덜란드인이었다. 키가 작았던 찰스 국왕은 자신을 보다 그럴 듯하게 묘사할 수 있는 초상화 작가를 원했다. 반 다이크는 영국 궁정과 연락을 취하면서 자신의 그림들을 보냈는데 그것들은 찰스 국왕의 대리인 초상화와 왕비를 위한 종교화 및 자신의 작품들이었다. 1632년 그는 헤이그에서 찰스의 누이였던 보헤미아의 엘리자베스 왕비를 그렸다. 반 다이크는 런던으로 간 즉시 궁정으로 들어가 기사 작위와 연봉 200파운드를 받았다. 또한 블랙프라이어스(Blackfriars)의 테임즈 강변에 있는 저택을 제공받았다.

그는 국왕과 헨리에타 마리아 왕비(Queen Henrietta Maria), 그 부부의 아이들 초상화를 다수 그렸다. 그리하여 많은 초상화가 외교 선물로 보내졌고, 아울러 점점 더 정치적으로 궁지에 몰리던 왕의 지지자들에게 선물하기 위하여 여러 버전으로 제작되었다. 반 다이크는 국왕의 초상화를 40점이나 그렸고 왕비의 초상화 약 30점을 그렸으며 스트래포드 백작(Earl of Strafford) 아홉 점 및 기타 여러 신하의 초상화를 그렸던 것으로 여겨진다. 또한 그는 많은 궁정인과 더불어 자신의 정부였던 마가렛 레몬(Margaret Lemon)도 그렸다.

그는 18세기 말까지 영국 초상화 양식을 지배하게 되는 절제된 권위와 우아함, 편안함을 결합한 양식을 개발했다. 그렇게 이루어진 초상화 대부분은 자연스런 요소들로 가득한 풍경을 배경으로 하고 있다. 이때 말을 탄 찰스 국왕의 초상화는 티치아노가 그렸던 황제 카를 5세의 웅장함을 넘어 훨씬 더 효과적이며 독창적인 것이라고 소장처인 루브르미술관에서는 설명하고 있다. 국왕은 지나치게 태만한 자세로 산책하는 모습으로, 얼핏 보면 영국의 왕이라기보다는 자연 속의 신사처럼 보인다는 설명도 있다.

1638년에 반 다이크는 영국 시민권을 획득했고, 1640년 2월 27일에 메리 루스벤(Mary Ruthven)과 결혼하여 딸 하나를 두었다. 부인 메리는 패트릭 루스벤(Patrick Ruthven)의 딸로, 귀족의 자제였으며 왕비의 시녀였다. 그의 결혼은 국왕이 그를 영국에만 있게끔 하기 위한 의도였을 것이라는 말이 있다. 아무튼 그는 1634년의 대부분을 앤트워프에서 보냈다가 이듬해에 돌아왔고, 1640년 영국에서 내전이 임박하자 플랑드르와 프랑스에서 몇 달을 보내다가 1640년 그는 프랑스에서 투옥된 후 풀려난 왕자 존 카시미르(John Casimir of Poland)와 함께했다. 1641년 8월 13일 날짜로 영국의 록스버그 부인(Lady Roxburghe)이 헤이그의 통신원에게 보낸 편지에서는 반 다이크가 오래 병을 앓다가 회복 중이라고 알렸다. 하지만 리슐리외 추기경(Cardinal Richelieu)을 그리기 위해 파리에 있던 그는 11월 몸 상태가 악화되면서 영국으로 돌아왔다. 1641년 12월 9일 런던의 블랙프라이어스의 자택에서 사망했으며, 12월 11일 성가가 울려 퍼지는 가운데 성 바오로 대성당에 묻혔다. 국왕의 지시로 마련되었던 그의 묘소는 1666년 런던 대화재로 소실되었다.

사뮤엘 쿠퍼

사뮤엘 쿠퍼(Samuel Cooper, 1609~1672)는 영국의 모형 제작 작가로, 같은 일을 하면서 보다 유명했던 알렉산더 쿠퍼(Alexander Cooper)의 동생이었다. 그 형제는 런던에서 태어났다고 믿어지며, 그들을 가르치며 미니어처 화가로의 길로 이끌었던 존 호스킨스(John Hoskins)의 조카들이었다. 그는 코벤트 가든의 헨리에타 거리에 살았고 코벤트 가든 커피하우스에 자주 방문했다고 한다. 게다가 그는 훌륭한 음악가로 류트(lute)를 잘 연주했으며 프랑스어를 능숙하게 구사할 정도로 뛰어난 언어학자이기도 했다.

동료 작가들에 의하면 그는 키가 작고 통통한 편으로 자주 얼굴을 붉히는 스타일이었으며, 웰

벡 수도원(Welbeck Abbey)에 초상화가 있는 크리스티아나와 결혼하여 딸 하나를 두었다. 크리스티아나의 여동생 에디트(Edith Turner)는 유명한 영국 작가이자 비평가 알렉산더 포프(Alexander Pope)의 어머니였다.

1668년 그는 상원의원 사뮤엘 페피스(Samuel Pepys)로부터 자신 부인의 초상화를 그려달라는 부탁을 받으면서 그 대가로 30파운드를 받았으며, 아울러 1691년 애쉬몰린(Ashmolean) 미술관에 기증된 존 오브리(John Aubrey)의

사뮤엘 쿠퍼

초상화도 그린 것으로 알려졌다. 박물학자인 존 레이(John Ray)와의 서신에 존 에블린(John Evelyn)은 1662년 왕을 방문했을 때 쿠퍼가 새 주화에 넣을 국왕의 얼굴을 그렸던 사실이 있다고 썼다. 그가 남긴 작품들은 윈저성(Windsor Castle), 벨브아성(Belvoir Castle), 몬타그 하우스(Montague House), 웰백 수도원(Welbeck Abbey), 햄 하우스(Ham House), 암스테르담국립미술관 및 제이 피폰 모건 컬렉션(Mr J. Pierpont Morgan) 등에서 볼 수 있다.

그의 사망 날짜는 미니어처 화가인 메리 비얼(Mary Beale)의 일기에 기록되어 있으며 현재 벨브아에 있는 러틀랜드 공작(Duke of Rutland)의 논문 중 하나로, 1672년 루스 경(Lord Roos)에게 보낸 찰스 매너스(Charles Manners)의 일부 편지에서 쿠퍼의 중병에 대한 언급을 볼 수 있다. 메리 비얼은 그의 죽음을 맞아 "1672년 5월 5일 일요일, 얼굴 묘사로 세계에서 가장 유명한 사뮤엘 쿠퍼가 사망했습니다"라고 썼다. 그는 런던의 세인트 판크라스 올드 처치에 묻혔는데 그에 대한 바로크식 묘소 장식은 교회의 가장 동쪽 벽에 있다.

한 미술사가(George Charles Williamson)는 "사뮤엘 쿠퍼에 대한 회고록 편집이 정말 시급하다. 그의 생애에 대한 자세한 내용이 거의 파묻혀 있기 때문이다. … 그가 파리와 네덜란드에서 보냈던 예술가 초창기의 기록을 비롯하여, 국립도서관 등에서의 세심한 기록 조사로 그에 관한 더 많은 정보가 밝혀질 것이 확실하다"라고 말했다.

찰스 1세의 어머니 덴마크의 앤과
왕비 헨리에타 마리아

잉글랜드 내전의 결과 수립되었던 잉글랜드 연방(잉글랜드 공화국)을 연속적으로 다루면서 일컬어진 전쟁의 역사적 명칭은 청교도 혁명, 잉글랜드 혁명 등이다. 청교도 혁명이라고 부른 이유는 당시 의회파 상당수가 청교도(淸教徒), 즉 순수주의에 입각한 개신교의 칼뱅주의를 믿고 있었기 때문이다. 그들은 당시 잉글랜드의 국교였던 성공회의 전례, 주교제 등을 가톨릭에서 비롯된 계급주의의 잔재라며 그 채택에 반대했고, 오로지 순수 복음주의에 입각한 진정한 개신교를 확립하고자 했다. 하지만 그들은 올리버 크롬웰이 죽은 후 왕정 복고가 이루어져 종교적인 입지가 줄어들자 아메리카 대륙 등지로 건너가 자신들만의 세계를 다시 개척하기 시작했다. 17세기의 일이었다.

그때 일어났던 잉글랜드 내전에 의하여 죽임을 당한 찰스 1세에 이어 왕위를 물려받은 찰스 2세(1630~1685)는 화려한 궁정 생활을 누리는 등 매우 사치스러웠으며 정치적으로는 무능했고 어린 시절에는 여장(女裝)을 하고 다녔다는 말도 전해진다. 게다가 1665년부터 1667년까지 일어난 네덜란드와의 전쟁에서 패배함으로써 재정은 파탄 상태에 이르렀다. 찰스 2세는 여러 실정으로 인기가 떨어지자 입지를 강화하기 위해 프랑스와 동맹을 맺고 가톨릭에 관용적인 정책을 추진했다. 아울러 1670년 프랑스 국왕 루이 14세의 도움을 받아 또다시 네덜란드 전쟁을 일으켰다. 그 역시 부왕처럼 의회와 대립했는데 그때 의회는 가톨릭 신자들의 공직 진출을 제한하는 법인 '심사율', '인신보호법'을 제정하여 왕의 전제 정치를 막

찰스 1세의 어머니 덴마크의 앤(Portrait of Anne of Denmark), 무명 작가, 1595–circa 1603, 65.5×
49.5cm, Government Art Collection, London

았다. 그러면서도 찰스 2세는 과학과 연극에 관심을 가지고 이를 보호·육성했다. 1685년 2월 찰스 2세는 고지혈증과 노환으로 사망했고, 동생 제임스 2세가 왕위를 이어받았다.

한편 찰스 1세의 어머니, 즉 스코틀랜드의 제임스 6세이자 잉글랜드의 제임스 1세의 부인은 덴마크 출신으로, '덴마크의 앤(1574~1619)'으로 불린 왕비였다. 그녀는 덴마크 국왕 프레데릭 2세의 둘째 딸로 태어나 잉글랜드 국왕에게 시집왔는데, 찰스 1세와 그녀는 비교적 서로를 아끼고 존중하며 살았다.

하지만 1593년과 1595년 사이 제임스 국왕은 스코틀랜드의 궁녀였던 앤 머레이(Anne Murray)와 로맨틱한 관계를 갖는다. 그녀는 국왕으로부터 '나의 정부이자, 나의 사랑'으로 불리며 나중에 글라미스 부인(Lady Glamis)이 되는 스캔들 메이커였다.

왕비 앤은 결혼하자마자 왕위 계승자를 낳아야 한다는 압박에 시달렸다. 하지만 결혼 후 몇 년이 지나서야 첫 아이 헨리 프레데릭(Henry Frederick)을 낳으면서 사람들을 안심시켰다. 프레데릭이라는 이름은 스코틀랜드 쪽 직계 조상이었던 단리 경 헨리 스튜어트(Henry Stuart, Lord Darnley)와 어머니 나라 덴마크의 국왕이었던 외할아버지에게서 따온 것이었다. 하지만 헨리 프레데릭은 18세에 장티푸스로 세상을 떠나고 만다. 왕비 앤은 궁정에서 정치적인 일보다는 유럽에서 가장 멋진 문화 살롱을 유치하는 등 예술을 지원하는 데 보다 힘을 쏟았다. 이런 면은 최근의 역사 학계에서 새롭게 발굴하는 자료들을 통하여 더욱 분명히 밝혀지고 있다.

한편 찰스 1세의 왕비였던 헨리에타 마리아(Henrietta Maria of France, 1609~1669)는 잉글랜드의 왕위를 계승하는 찰스 2세와 제임스 2세(스코틀랜드의 제임스 7세)의 어머니이다. 남편과 두 아들이 왕위에 올랐던 것이다. 공식적으로는 잉글랜드의 왕비 메리로 불렸다. 그녀는 프랑스 국왕 앙리

찰스 1세의 왕비 헨리에타 마리아(Queen Henrietta Maria), Anthony van Dyck, 1632, 109×86.2cm, Royal Collection, London

4세의 둘째 딸로 루브르궁에서 태어났으며, 어머니는 아버지의 두 번째 왕비였던 마리 데 메디치(Marie de Medici)였다. 프랑스 출신이었던 까닭에 가톨릭을 믿었는데, 그 이유로 잉글랜드 백성들로부터 외면을 받았다. 이후 잉글랜드 내전이 벌어졌을 때 그녀는 고향인 프랑스로 피신하여 안전했지만, 남편이 왕위를 잃고 처형된 이후에는 고향에서 푸대접을 받으면서 가난하게 살았다. 잉글랜드에서 왕정 복고가 이루어져 왕위를 이어받은 아들 찰스 2세와 함께 런던으로 돌아온 후 1665년 다시 파리로 돌아가 4년 후 세상을 떠났다. 당시 가톨릭을 믿는 이민자가 많았던 미국의 메릴랜드(Maryland) 주는 그녀의 이름에서 지명을 따온 것이었다.

헨리에타도 예술에 큰 관심을 갖고 여러 방면으로 후원했다. 남편과 함께 대단한 지식을 갖고 회화들을 수집했는데 특히 이탈리아 화가 오라치오 젠틸레스키(Orazio Gentileschi)를 지원했다. 오라치오는 역시 유명한 화가였던 자신의 딸(Artemisia Gentileschi)과 함께 헨리에타의 거주지였던 그리니치 저택의 거대한 천장화를 그렸다. 또한 왕비는 이탈리아 화가 귀도 레니(Guido Reni)를 비롯하여 스위스 모형미술가이자 공예가였던 장 프티토(Jean Petitot)와 자크 부디에(Jacques Bourdier)를 좋아했다. 왕비는 인체를 주제로 한 조각과 디자인 역시 선호하여 1630년대 디자이너 이니고 존스(Inigo Jones)를 자신의 예술 작품 감리자로 삼았으며, 아울러 국왕과 함께 프랑스 조경 디자이너 앙드레 몰레(André Mollet)를 고용하여 윔블던에 농경용이 아닌 본격적인 바로크식 정원 디자인을 만들게끔 하였다. 또 위그노(프랑스의 개신교도) 조각가 위베르 르 쉬르(Hubert Le Sueur)를 고용하기도 했다.

그녀는 개인 예배당을 갖고 있었는데 그곳의 외관은 평범했지만 내부에는 금과 은으로 된 많은 공예품과 회화, 조각상을 비롯하여 루벤스(Peter Paul Rubens)의 장엄한 제단화 및 예배당 정원이 포함되어 있었다. 아울러 프랑수아 디외사르(François Dieussart)가 '최후의 만찬(Holy Sacrament)'을 전시하고자 디자인했던 특이한 모양의 성체 안치기가 있었다고 한다.

레이디 해밀턴(1)

레이디 해밀턴(Lady Hamilton), 즉 엠마 하트(Emma Hart)는 매우 가난한 집안 출신으로 정식 교육도 받지 못했다. 불과 14세의 나이에 모델 일을 시작하여 몇 년 지난 후 몇몇 화가의 뮤즈(muse, 영감의 원천)가 되었다. 조슈아 레이놀즈(Joshua Reynolds)가 그중 하나였고, 조지 롬니(George Romney)는 평생 그녀를 모델로 기용했다. 그는 그녀를 그린 작품을 여러 점 남겼고, 그 결과물들로 인하여 그녀가 유명하게 되었다.

그녀는 몇몇 유력 정치인의 정부(情婦)가 되더니 결국에는 귀족 윌리엄 해밀턴 경(Sir. William Hamilton)과 결혼했다. 그들의 나이 차이는 34세나 되었다. 그 이후 그녀는 미모만을 내세우는 존재에서 벗어나기 시작했다. 쉼 없이 공부를 하면서 다른 면모를 보였다. 두 사람은 나폴리로 이주했는데 그녀는 남편으로 하여금 가치 있는 미술품들을 구입하여 소장하도록 수완을 발휘했다. 프랑스어와 이탈리아어를 짧은 기간에 터득했으며 나폴리 궁정과도 교류하게 되었다. 마리아 카롤리나(Maria Carolina) 왕비와 친구가 된 것이다.

그녀는 넬슨(Lord Nelson) 제독과의 공공연한 스캔들로도 매우 유명하다. 넬슨이 해군 선단 보충을 위하여 나폴리에 기항했을 때 그들의 관계가 시작되었다. 만나자마자 바로 연인이 되었는데 물론 두 사람 모두 기혼인 상태였다. 지속적인 관계는 영국으로까지 이어져 엄연히 집에 남편이 있음에도 넬슨이 들러서 묵고 가는 경우도 있었다.

그림에는 그녀가 미모의 화신, 즉 비너스로 변한 모습이 나타나 있다.

엠마 하트(Emma Hart), George Romney, 1782, 53.3cm×49.5cm, Tate, London

비너스를 향한 큐비드(Cupid Untying the Zone of Venus), Joshua Reynolds, 1788, 127.5cm×101cm, Hermitage, St. Petersburg

비너스의 아들 큐피드가 엄마의 옷끈을 잡아당겨 풀어 내리고 있다. 그렇다고 처음부터 그녀의 몸이 옷으로 가려져 있던 것은 아니다. 당연히 이 그림은 유명해졌다. 레이놀즈는 같은 주제로 석 점을 더 그렸다. 마치 해밀턴 부인의 전기(傳記)와도 같이 그려진 이 그림은, 당시 러시아를 자주 방문하던 카리스포트 경(Lord Carysfort)이 그곳의 그리고리 포티욤킨 왕자(Prince Grigory Potyomkin)에게 선물하고자 레이놀즈에게 맞춤 주문한 것이었다.

조슈아 레이놀즈

조슈아 레이놀즈(Sir Joshua Reynolds, 1723~1792)는 초상화를 전문으로 그렸던 영국 화가로 18세기 유럽의 중요한 화가 중 한 사람이었다. 그는 불완전한 것의 이상화라는 회화 세계에서의 '장대한 스타일'을 고집했던 장본인이었다. 영국 미술의 중심이랄 수 있는 왕립미술원의 설립자이자 초대 회장이었고 1769년 조지 3세로부터 기사 작위를 받았다.

조슈아 레이놀즈

1723년 7월 16일 데번(Devon)의 플림턴(Plympton)에서 태어난 레이놀즈의 아버지는 마을의 목사이자 초등학교 교장이었다. 그의 아버지는 옥스퍼드 대학 출신이었지만 아들을 대학에 보내지 않았다. 일곱 살 많은 그의 누나 메리 파머(Mary Palmer)는 〈데번셔 대화록(Devonshire Dialogue)〉의 저자로, 그림에 대한 애정이 꽤 많았기 때문에 소년 시절의 조슈아에게 많은 영향을 주었다. 1740년 그녀는 초상화 화가 토마스 허드슨(Thomas Hudson)에게 조슈아의 미술 수업을 위하여 자신의 책 저작권료의 절반에 해당하는 60파운드를 납부했으며 9년 후 동생이 이탈리아에서 체류할 비용도 제공했다.

소년 시절 죠수아는 자카리아 머지(Zachariah Mudge)와 더불어 그가 평생 함께 했던 플라톤주의(Platonistic) 철학의 영향을 받았다. 아울러 존 밀턴, 알렉산더 포우프, 존 드라이든, 레오나르도 다 빈치 등의 글과 예술 이론을 편집했고, 자신에게 가장 큰 영향을 주었던 조나단 리처드슨(Jonathan Richardson)의 저서 〈회화의 이론에 관한 글(An Essay on the Theory of Painting)〉(1715)에 주석을 붙였다. 그 사본은 현재 런던의 왕립미술원 컬렉션으로 볼 수 있다.

미술에 매우 깊은 관심을 보이던 그는 1740년 데본 출신의 초상화 화가 토마스 허드슨의 견습생이 되었다. 이때 허드슨은 레이놀즈가 모사하며 수집해 갖고 있던 과거 거장들의 그림 모음집을 갖고 있었다. 레이놀즈는 1743년 여름까지, 4년 동안 그에게서 그림을 배운 후 얼마 동안 플리머스 독(Plymouth Dock, 현재의 데번포트(Devonport))에서 초상화 화가로 일했다. 그는 1744년에 런던으로 돌아왔지만 1745년 말 아버지가 세상을 떠난 후 플리머스 독에 있는 집에서 누이들과 함께 살았다.

1749년 레이놀즈는 아우구스투스 케펠(Augustus Keppel) 제독을 만났는데 이때 제독은 자신이 이끌던 배(HMS Centurion)를 타고 지중해로 떠나는 여정에 그를 초대했다. 그리하여 그는 리스본, 카디스, 알제, 미노르카를 방문했고, 미노르카에서 이탈리아의 리보르노를 거쳐 로마로 가 그곳에서 2년을 보냈다. 그러면서 고대의 거장들을 연구, 분석하여 이른바 '장대한 스타일'의 진수를 제대로 느끼며 나타낼 수 있었다.

어렸을 때부터의 레이놀즈를 잘 알았던 에지컴 경(Lord Edgcumbe)이 로마의 대표적 화가였던 폼페오 바토니(Pompeo Batoni)에 대한 연구를 제안했지만, 레이놀즈는 그에 대하여 더 이상 배울 것이 없다고 답했다. 로마에 있는 동안 그는 심한 독감에 걸려 부분적으로 청력을 상실했기 때문에 그의 그림에서 자주 나타나는 작은 듣기용 트럼펫을 갖고 다니기 시작했다.

레이놀즈는 피렌체, 볼로냐, 베니스 및 파리를 거쳐 1752년 10월 영국에 도착한 후 데번에서 3개월을 지내고 런던에 정착하여 여생을 보냈다. 이때 그는 세인트 마틴 거리에 이어 그레이트 뉴포트 거리에서 살았고 여동생(Frances)이 그를 뒷바라지했다. 그 무렵부터 그는 빠르게 성공을 거두면서 많은 작품을 남기기 시작했다. 에지컴 경은 데번셔 공작(Duke of Devonshire)과 그래프턴 공작(Duke of Grafton)의 초상을 비롯하여 조지 2세의 셋째 아들인 컴벌랜드 공작

(Duke of Cumberland) 등 적지 않은 초상을 그리도록 레이놀즈에게 소개했다. 그리하여 그는 하인 여럿을 수용할 수 있는 레스터 필즈(Leicester Fields, 지금의 레스터 스퀘어(Leicester Square))의 대저택으로 옮길 수 있었다. 이 무렵부터 전신 초상화를 야심 차게 시도했고 제자 제임스 노스코트(James Northcote)와 함께 다량의 작은 작품을 그리면서 전성기를 구가했다. 그의 풍경화는 그리 많이 알려지지 않았지만, 리치먼드 힐에 있는 자신의 집 윅 하우스에서 그린 풍경 작품들을 볼 수 있다. 또한 아이들의 순수함과 자연스러움에 크게 만족했고, 그런 아이들 그림을 그린 작가로도 유명하다. 그렇게 그려진 그림 속에는 말보로 4세 공작(4th Duke of Marlborough)의 막내딸인 앤 스펜서(Lady Anne Spencer)와 자신의 여동생의 손녀딸 등이 포함되어 있다.

사교적이었던 레이놀즈는 사뮤엘 존슨, 올리버 골드스미스, 에드먼드 버크, 안젤리카 카우프만 등 당대의 런던에 있던 여러 지식인과 친구로 지냈다. 또한 초상화 화가로서의 인기 덕분에 그는 당시의 부유하고 저명했던 사람들과 지속적으로 교류하면서 자신의 '클럽'을 만들기도 했다.

레이놀즈는 왕립미술원의 초창기 회원 중 한 사람으로 대영제국 미술인협회의 설립에도 중요한 역할을 했다. 그 덕분에 1769년에 조지 3세로부터 기사 작위를 받을 수 있었다. 1808년 윌리엄 블레이크(William Blake)를 비롯한 후대 비평가들이 그의 조형 철학에 대하여 신랄하게 비판한 출판물을 내놓았다. 게다가 그런 주장에 당대의 화가였던 터너(J. M. W. Turner)와 제임스 노스코트 등이 열렬히 동조했는데 이 때문에 레이놀즈와 왕립미술원 사이의 관계는 조금 복잡해졌다.

1789년에 레이놀즈는 왼쪽 눈을 실명하여 은퇴했고, 이어 1791년 제임스 보스웰(James Boswell)은 '사뮤엘 존슨의 삶(Life of Samuel Johnson)'을 그려 레이놀즈에게 헌정했다. 그는 1792년 2월 저녁 런던 레스터 필즈에 있는 자택에서 세상을 떠났다.

조지 롬니

조지 롬니(George Romney, 1734~1802)는 영국의 초상화가로, 당대의 가장 유행에 앞서가는 방식으로 저명한 사람들을 그려 유명해졌다. 그는 넬슨 경(Lord Nelson)의 정부(情婦) 엠마 해밀턴(Emma Hamilton)을 주로 그렸던 작가였다.

현재의 컴브리아(Cumbria)에 있는, 당시 랭커셔의 달튼-인-퍼네스(Dalton-in-Furness)에서 가구 제작자의 아들로 태어난 그는 근처 덴드론(Dendron)에서 교육받다가 포기하고 열한 살 무렵부터 아버지의 일을 돕기 위하여 견습생이 되

조지 롬니

었다. 그는 자신이 평생 연주했던 바이올린을 포함하여 나무로 이루어진 물건은 무엇이든지 잘 만드는 사람으로 알려지기 시작했다. 15세 때부터 동네 시계 기술자 존 윌리엄슨(John Williamson)으로부터 미술을 배운 후 1755년 21세에 켄달(Kendal)로 가서 미술가 크리스토퍼 스틸(Christopher Steele)의 도제가 되어 4년간 본격적인 회화 수업을 받았다. 당시 스틸은 프랑스에서 꽤 알려졌던 화가 카를로 반루(Carlo Vanloo)와 함께 공부했던 사람이다.

1756년 10월, 롬니는 메리 애벗(Mary Abbot)과 결혼했는데, 작업을 위하여 요크(York)로 급하게 떠나게 되면서 홀로 지내야 했다. 1년 후 롬니는 스승 스틸에게서 떠나 스스로 화가로의 경력을 쌓기 시작했다. 1757년 롬니는 켄달에서 아내와 어린 아들과 함께 지내면서 초상화가, 풍경화, 역사화가로 일하기 시작했다. 이 기간 발명가이자 작가인 아담 워커(Adam Walker)와 친구가 되었으며 여가 시간에는 음악에 몰두했다. 1762년부터 1799년까지는 런던에 머물렀다.

1763년 롬니는 자신의 그림 '장군 울프의 죽음(The Death of General Wolfe)'을 왕립미술협회 공모전에 출품하여 2등에 입상했다. 그런데 그의 친구에 따르면, 2등 상금 50기니를 받았지만 나중에 석연치 않은 사유로 25기니가 회수되었다고 한다. 그런 이상한 일을 조슈아 레이놀즈 경(Sir Joshua Reynolds)이 주도했다는 결정적인 사실이 알려지면서 두 사람은 평생 외면하

며 살았다고 한다. 그런 이유로 그는 매우 성공한 작가였음에도 불구하고 1768년 설립된 왕립미술원에 초대된 적도 없었고, 전시 요청은 물론 심지어 가입을 신청한 일도 없었다. 왕립미술원과의 관계에 대하여 많은 말이 있었지만, 결국 그는 좋은 작가는 회원이 아니더라도 성공할 수 있다면서 미술원에 분명하고 냉담한 자세를 취했다고 한다.

초창기 런던에서의 시절은 경제적으로 매우 어려웠지만 롬니는 1764년 9월부터 몇 주 동안 옛 거장들의 작품을 연구하기 위하여 친구이자 변호사인 토마스 그린(Thomas Greene)과 함께 파리로 여행을 갔다. 당시 견문을 넓히려는 사람들에게 런던은 매우 제한적인 곳이었기 때문이었다. 그는 1768년 초상화를 그리기 시작하면서 영향력 있는 후원자에게 연결되도록 도와준 극작가 리처드 컴벌랜드(Richard Cumberland)를 알게 되었다. 또한 모형화가 오지아스 험프리(Ozias Humphrey)와 친구가 되었다.

1769년은 롬니에게 획기적인 해가 되었는데 바로 자유미술가협회전에서 조지 워렌 경(Sir George Warren)과 가족의 대형 초상화를 전시하여 큰 찬사를 받으면서 인기의 토대를 마련했기 때문이다. 1770년부터 그는 자유미술가협회와 상대적이었던 공공미술가협회에서 작품을 전시하기 시작했다. 1772년 경제적으로 충분히 안정되어 친구 험프리와 함께 그가 항상 바라던 대로 과거의 위대한 예술가들을 연구하기 위하여 이탈리아로 여행을 떠날 수 있었다. 그는 3월에 출발하여 파리, 리옹, 마르세유, 니스, 제노아, 리보르노, 피렌체, 피사를 거쳐 6월에 로마에 도착했다. 소개장 덕분에 교황 클레멘스 14세를 만날 수 있었는데, 그때 교황은 그가 라파엘로의 프레스코화를 연구하기 위해 바티칸에 비계(scaffold)를 설치하도록 허락했다. 그는 그곳에서 18개월을 보내면서 많은 위대한 작품을 연구하며 스케치했고 1775년 런던으로 돌아왔다.

그는 런던에서 유명한 초상화가 프란시스 코테스(Francis Cotes)가 소유했던 커번디시 스퀘어(Cavendish Square) 저택으로 이사했다. 이때 그는 자신뿐만 아니라 예술적이지만 방탕했던 동생 피터 때문에 상당한 빚을 지고 있었다. 그러나 리치먼드 공작(Duke of Richmond)과 그의 친구들이 그를 후원했고 평생 지속적으로 그들에게서 큰 도움을 받았다. 1776년부터 그는 작가 윌리엄 헤일리(William Hayley)와 친분을 쌓으면서 지속적인 우정을 이어나갔고 그의 초상화도 그렸다.

1782년은 그의 인생에서 중요한 새 장이 시작된 해였다. 바로 그의 뮤즈가 된 엠마 해밀턴을 소개받았기 때문이다. 그리하여 그는 다양한 포즈의 그녀를 예순 점이 넘는 역사적 또는 신화적 인물로 제작했다. 1797년 그는 커번디시를 떠나 햄스테드(Hampstead)의 홀리 부시 힐(Holly Bush Hill)로 이사했다. 값비싼 건축 프로젝트에 착수한 다음 2년 후에 집을 팔았는데 그곳은 현재 '롬니의 집'으로, 1등급 문화 유산으로 등재되어 있다. 건물 전면에는 그를 기념하는 파란색 명패가 붙어 있다.

1799년 여름, 건강이 악화될 대로 악화된 그는 거의 40년간이나 떨어져 살던 켄달의 아내에게 돌아갔다. 그의 아내는 그가 1802년 11월에 죽을 때까지 2년 동안 그를 극진히 간호했다. 그는 달톤-인 퍼네스에 있는 성 메리 성당의 묘지에 묻혔다.

레이디 해밀턴(2)

귀족의 부인이었기 때문에 영국 최고의 여성을 호칭하는 작위를 받았던 엠마 해밀턴은 대장장이의 딸로 영국 북서부 체셔(Cheshire)의 네스(Ness)에서 태어났는데, 그녀의 아버지는 그녀가 태어난 지 두 달 만에 세상을 떠났다. 그녀는 제대로 된 교육도 받지 못한 채 열 살을 갓 넘긴 나이에 고향 동네 외과 의사의 하녀로 일을 시작했다. 1777년 가을 무작정 런던으로 향한 그녀는 그곳에서도 하녀로 일을 하면서 코벤트 가든의 한 극장에서 연기를 배우기 시작했다. 이후 댄서이자 여배우가 되었다. 열다섯 살이 되었을 때, 해리 페더스턴호프 경(Sir Harry Fetherstonhaugh)의 정부가 되어 파티에서 누드로 춤을 추기도 했던 그녀는 자신의 일생을 바꾸게 되는 사람, 찰스 프랜시스 그레빌(Charles Francis Greville)을 만나게 되었다.

그레빌은 엠마에게 제대로 된 거처를 제공하면서 그녀의 어머니를 불러 함께 살도록 했으며, 교양을 갖춘 여인으로 만들고자 많은 노력을 기울였다. 이때부터 그녀는 이름을 엠마 하트(Emma Hart)로 고치면서 자신의 모습을 우아하게 바꾸어나갔다. 그레빌은 친구들을 초청하여 사교 모임을 종종 열었는데 그때 화가 조지 롬니를 만나 그의 그림 속 모델이 되었다. 이로써 그녀의 미모가 공식적으로 세상에 알려졌다. 그때 롬니는 자신이 원하는 모델이자 뮤즈를 찾고 있었는데 그녀를 보고는 크게 감격하여 평생 함께 하고자 마음먹었을 정도였다.

엠마는 갑자기 런던에서 최고의 인기 있는 여인이 되었다. 롬니의 그림

해밀턴 부인(Lady Hamilton), George Romney, c. 1782, 49.5×53.3cm, Tate Britain, London

속에 나타난 눈부신 미모의 젊은 여인 엠마는 런던 사교가에도 연결이되어 그녀를 본 남성 유력 인사들은 충격에 빠졌다. 짧은 기간이었음에도 유머와 교양, 지적인 면모를 익힌 그녀는 타고난 미모와 함께 사람들을 사로잡기에 충분했다. 롬니가 그녀에게 빠져들었듯이, 다른 화가들 역시 그녀에게 매혹되어 그림을 그리게 되면서 나중에 엠마를 나타낸 걸작이 되는 '몸가짐(attitudes)'의 전조가 보였다.

1783년, 그레빌은 자신을 확실하게 후원해줄 수 있는 부유한 귀족 여성을 찾았고 그 결과 18세의 상속녀 헨리에타 미들턴(Henrietta Middleton)을 알게 되었다. 미들턴과의 결혼을 앞둔 그레빌은 엠마가 자신의 연인으로 간주되면 곤란하다는 생각을 했다. 그녀를 떼어놓기 위하여 생각한 사람이 바로 자신의 외삼촌이었는데, 그가 바로 당시 나폴리 대사였던 윌리엄 해밀턴 경(Sir William Hamilton)이었다. 그녀를 해밀턴 경에게 맡기면서 그레빌은 엠마가 정부로 꽤 괜찮은 여인이며, 자신이 미들턴과 결혼한 다음 여유가 생기면 다시 그녀를 데리러 오겠다고 약속했다.

당시 55세의 홀아비였던 해밀턴 경 역시 미모의 엠마에 대하여 잘 알고 있었다. 모든 여행 경비를 책임졌던 해밀턴 경은 멋지고 세련된 그의 나폴리 저택에 엠마를 위한 미용실을 갖출 정도로 준비를 한 다음 엠마를 불러들였다. 그때 그레빌은 미들턴과의 결혼 사실을 숨기면서 자신이 스웨덴에 장기 출장을 가야 하니 나폴리의 해밀턴 삼촌 집에 잠시 가 있으라며 엠마에게 거짓말을 했다. 그래서 엠마는 나폴리에서의 생활이 6개월로 접어들 무렵 자신을 다시 데려가라고 그레빌에게 강력하게 요구했다.

결국 진실을 알게 된 엠마는 처음에는 분노했지만, 점차 나폴리 생활을 즐기게 되었다. 윌리엄 경과 사랑에 빠진 엠마는 1791년 결혼을 했는데 이때 그녀는 26세였고 윌리엄 경은 60세였다. 그때부터 엠마에 대한 정식 명칭은 '해밀턴 부인(Lady Hamilton)'이 되었다. 두 사람의 결혼식이 끝난 직후 화가 롬니는 엠마의 마지막 초상화를 그렸다.

나폴리 생활을 하면서 해밀턴 부인은 마리 앙투아네트의 언니이자 나폴리의 군주 페르디난드 1세의 왕비였던 마리아 카롤리나와 매우 친해졌다. 그럴 정도로 그때 이미 그녀는 프랑스어와 이탈리아어를 능숙하게 구사했다고 한다. 게다가 타고 난 가수였기 때문에 미사 때나 혹은 집으로 손님들이 찾아오면 노래를 불러 사람들에게 호감을 샀다.

남편과 함께 예술적 취향을 공유했던 해밀턴 부인은 '몸가짐'이라고 스스로 불렀던 장면 연출 그림(tableaux vivants)과 조각 작품을 제작하여 영국과 유럽에서 온 방문자들에게 보여주었다. 그녀는 그때 고전적인 포즈를 현대적인 매력으로 결합시켰던 롬니의 아이디어를 따와 작품 '몸가짐'의 기초로 삼았으며, 그것을 미모플라스틱 미술(Mimoplastic art)로 발전시켰다.

작품 구현을 위하여 엠마는 나폴리의 의상 제조업자에게 나폴리만과 섬에서 농사를 짓고 살던 주민들이 입었던, 자신이 롬니의 모델로서 자주 입었던 헐렁한 옷을 만들어 달라고 주문했다. 그녀는 짧은 오버 스커트(tunic) 몇 개와 커다란 숄 또는 면사포와 짝을 지어서 접힌 천으로 몸을 감싼 후, 그리스-로마 신화 속의 인기 있는 이미지를 나타내는 방식으로 포즈를 취했다. 그런 연출로 관객들은 엠마가 묘사한 고전적인 캐릭터와 그 당시 장면, 신화 속 명칭을 알아맞히게 하는 일종의 사극에 빠져들었다. 그녀는 신화 속의 메데이아(Medea)로부터 클레오파트라를 비롯하여 그리스의 여러 여신을 나타냈는데, 이때 프랑스 혁명의 소용돌이에서 도망쳐 나폴리로 왔던 마리 앙투아네트의 전속 화가 엘리자베스 루이스 비지 르 브렁(Élisabeth Louise Vigée Le Brun)이 그녀를 그렸다.

엠마는 영국 외교 사절의 아내라는 입장으로 1793년 9월 10일 프랑

바칸테로 분장한 해밀턴 부인(Portrait of Emma, Lady Hamilton as a Bacchante), Élisabeth-Louise Vigée-Le Brun, c. 1791, 132.5×105.5cm, Walker Art Gallery, Liverpool

스에 대항하기 위한 지원군을 모집차 나폴리에 도착한 넬슨 제독의 환영식을 열었다. 그때 해군 고위층 가족과 함께하며 자신이 겪었던 전쟁 등을 일기로 남겼던 당시 18세의 영국 소녀 작가 엘리자베스 윈(Elizabeth

Wynne)은 엠마에 대하여 '아름답고 유머러스한 상냥하고 매력적인 여성'으로 묘사했다. 당시 나폴리에서 닷새만 지내고 사르디니아(Sardinia)로 떠났을 때 넬슨은 해밀턴 부인과 어느 정도 사랑에 빠진 것 같았다고 한다.

1798년 9월 넬슨은 18세의 양아들 조시아 니스벳(Josiah Nisbet)과 함께 나일강의 아부키르(Aboukir)에 벌어졌던 대규모 전투에서 승리한 후 나폴리로 개선했다. 넬슨은 이어진 전투들로 인하여 매우 탈진하였고 한쪽 팔을 잃은 채로 대부분의 이가 손상되었으며 천식에 시달리고 있는 상태였다. 이때 엠마는 그의 도착에 맞추어 개인적인 존경을 담은 열정적인 편지를 보냈는데 그 사실을 넬슨이 자신의 부인에게 보낸 편지에도 언급하여 넬슨 부인을 당혹하게 만들었다. 아무튼 엠마와 해밀턴 경은 넬슨을 자신들의 저택인 팔라초 세사(Palazzo Sessa)에 머물도록 했다. 이때부터 엠마는 넬슨을 극진하게 간호했고, 9월 29일 그의 40회 생일을 맞아 1,800명을 초청하여 성대한 파티까지 열었다. 그녀는 넬슨의 비서이자, 통역자, 정치적 조력자가 되었고 두 사람은 사랑에 빠졌다. 그때 윌리엄 해밀턴 경은 그냥 넬슨에 대한 존경과 감탄만 보내면서 두 사람의 관계에 별다른 반응이 없었다고 한다.

11월이 되어 나폴리에서 이루어진 두 사람에 관한 소문이 영국의 일간지들에 보도되면서 엠마와 호레이쇼 넬슨은 진정한 유명 인사가 되었다. 엠마는 나폴리의 마리아 카롤리나 왕비의 절친한 친구였을 뿐만 아니라 정치적으로 중요한 영향력을 가진 존재로 발전했다. 그녀는 카롤리나 왕비에게 프랑스 혁명의 후유증에 대처하는 자세 등에 대해 조언을 했다.

한편 1799년 나폴리에서는 귀족들이 이끄는 혁명이 일어났는데, 이에 일반 국민은 동의하지 않았다. 그래서 반란을 지원하러 온 프랑스군 역시 환영받지 못했다. 그러나 나폴리 왕실은 시칠리아로 피신했고, 이때 넬슨은 영국 정부로부터의 별도의 지원 없이 나폴리 왕실을 도와 귀족 반역자들을 진압하고자 시도했다. 그리하여 혁명의 지도자 중 한 사람 프란체스코 카라치올로 제독(Admiral Francesco Caracciolo)이 반역죄로 처형되게 하는 등의 활약을 했다. 이때 엠마 역시 넬슨의 함대와 함께 나폴리에 도착하여 왕비와 넬슨 사이를 연결하는 등 혁명을 종식시키는 데 중요한 역할을 했다.

이후 넬슨은 영국으로 귀환을 명령받았고 거의 동시에 영국 정부는 윌리엄 해밀턴 경의 직위 해제에 따른 귀국 청원을 받아들였다. 그리하여 1800년 4월 무렵 임신한 몸이었던 엠마를 비롯하여 넬슨, 해밀턴 경은 중부 유럽의 가장 긴 거리를 거쳐 비엔나로 간 후 11월에 영국 야모스(Yarmouth)에 도착하여 영웅의 귀환에 버금가는 환영을 받았다. 세 사람은 11월 8일 런던에 도착하여 한 호텔에 묵었는데 그것은 넬슨의 부인이 라운드우드(Roundwood)에 있는 자신의 집에서 환영 파티를 열고자 했던 서신이 전달되지 않았기 때문이었다. 부인과 넬슨의 아버지가 호텔에 도착하여 함께 식사를 했지만 엠마가 임신한 사실을 목격한 넬슨 부인은 낙담하고 말았다. 이때 런던에서는 '황색 언론'이 시작되던 시기였는지 넬슨의 부인 파니 넬슨(Fanny Nelson)은 감정이 격화되어 남편의 스캔들을 받아들이지 않았다. 이는 당연한 일이었지만 언론은 계속하여 밝은 면이 가득한 미모의 엠마를 다루면서 이상한 방향으로 보도를 이어갔다.

레이디 해밀턴(3)

트라팔가 해전의 영웅으로, 프랑스의 나폴레옹에게 결정적 패배를 안기며 영국을 구한 제독 호레이쇼 넬슨(Horatio Nelson, 1758~1805)은 아버지 역시 백작이었을 정도로 전통 명문가 출신이었다. 미국 독립전쟁의 영국군 지휘관부터 시작하여 제1차 대프랑스 동맹, 칼비 공성전, 성 빈센트 곶 해전(1797), 카디스 타격(1797), 산타 크루즈 데 테네리페 해전(1797), 나일강 아부키르(Aboukir) 해전, 제4차 잉글랜드-마이소르 전쟁, 제2차 대프랑스 동맹, 몰타 봉쇄전, 코펜하겐 해전, 제3차 대프랑스 동맹 등 그가 참전했던 전투와 전쟁은 무척 많다.

트라팔가 해전에서 승리를 거둔 후 전사하는 넬슨의 최후를 그린 그림에서 보듯이 그는 자신의 한쪽 팔을 스페인과의 싸움이었던 '성 빈센트 곶' 해전에서 잃었다. 그러면서도 그는 연이어 벌어진 프랑스와의 전쟁에 큰 공을 세우면서 나폴레옹에게 연거푸 결정타를 날렸다. 그리하여 넬슨 제독은 전 세계 해군의 역사를 통틀어 가장 위대했던 지휘관으로 꼽히게 되었다.

1801년 1월 1일, 중장으로 진급한 넬슨은 다시 바다로 떠날 준비를 했는데 이때 부인 파니로부터 자신과 정부 엠마 중 한 사람을 선택하라는 최후통첩을 받았다. 이에 분노한 넬슨은 아내와의 별거를 공식화하기로 마음먹으면서 대리인을 시켜 부인을 도시에서 내쫓아버렸고 이후 두 사람은 다시 만나지 못했다.

바다에 나가 있는 동안 넬슨과 엠마는 비밀 부호를 사용하면서 많은

엠마 하트, 해밀턴 부인(Emma Hart, Lady Hamilton), George Romney, 1782, 75.9×62.9cm, The Frick Collection, New York. NY

편지를 나누었고, 윌리엄 해밀턴 경은 엠마를 위한 생활을 책임지면서 그녀와 함께 했다. 같은 해 2월 엠마는 성 제임스 광장에 있는 노포크 공작(Duke of Norfolk)의 집에서 열린 음악회에 매우 멋진 치장을 하고 나타났다. 그러면서 언론이 자신과 넬슨에게 호의를 유지하도록 노력을 기울였다. 그렇게 대중에 노출되자 훗날 조지 4세가 되는 당시 영국 왕자가 엠마에게 반하는 일이 벌어졌다. 넬슨이 질투에 빠지자 윌리엄 해밀턴 경이 넬슨에게 정성이 담긴 위로와 설명의 편지를 보내 안심시켰다. 2월 말에 넬슨은 런던으로 돌아와 엠마가 낳은 딸(Horatia)과 상봉했는데 이때 그의 형제이자 목사였던 윌리엄 넬슨 목사(Rev. William Nelson)는 엠마의 미덕과 선량함을 칭찬하는 편지를 보냈다.

같은 해 가을 엠마는 넬슨에게 부탁하여 윔블던 근처 메튼(Merton Place)에 있는 낡은 집을 9천 파운드에 구입하도록 했다. 집을 사기 위하여 친구로부터 돈을 빌린 넬슨은 엠마에게 가재도구의 구입은 물론 집을 새롭게 개조하기 위하여 마음껏 돈을 쓰도록 했다. 이때 그녀는 넬슨이라는 위대한 사람의 면모를 집을 통하여 과시하고 기념하고자 했다. 그들은 그 집에서 함께 살았는데, 이는 명백한 3자 동거이자 언론이 넬슨의 가족을 우습게 보게 한 행위였다. 그녀는 그때 80세이던 넬슨의 아버지까지 모셔 정성스럽게 돌봤지만, 상황을 견디지 못했던 그의 아버지는 고향 노포크로 되돌아가고 말았다.

1802년 3월 25일 영국과 프랑스 사이의 화친을 맺은 아미앵 조약이 성립된 후 넬슨은 현역에서 물러났다. 그후 자신의 사회적 위치와 함께 부유한 사람의 기품을 유지하고자 했는데, 엠마는 그의 의도를 잘 파악하며 집안일을 꾸려나갔다. 한편 아버지가 4월에 사망하지만 넬슨은 노포크에서 거행된 장례식에는 참석하지 않고 대신 엠마의 서른일곱 번째 생일을 축하하기 위하여 집에 머물렀다. 그 무렵 그들의 일상을 자세히 보도하던 잉글랜드 신문이 윌리엄 해밀턴 경이 피카딜리 23번지에서 쓰러졌다는 사실을 알렸다. 그후 윌리엄 해밀턴은 4월 6일 엠마의 팔에 안겨 세상을 떠났다. 그 일이 있고 나서 넬슨은 지중해 함대 사령관으로 임명되었고 1803년 5월 8일, 나폴레옹에 대항하는 전쟁을 지휘하기 위하여 이른 아침에 출정했지만 넬슨은 엠마가 두 번째 아이를 임신하고 있다는 사실은 몰랐다.

갑자기 외로워진 엠마는 메튼 저택을 넬슨이 원하는 식으로 웅장하게 꾸미는 작업을 하면서 시간을 보냈고 몇 가지 질병으로 고통 속에 있었지만, 그가 안전하게 돌아오기를 간절히 바랐다. 1804년 초, 출산한 아이(엠마라 이름 지었던)가 태어난 지 약 6주만에 세상을 떠났고 아들 호레이쇼 역시 병에 걸렸다. 엠마는 아기의 죽음을 언론에 비밀로 하면서(매장 기록 역시 없음) 넬슨 가족 앞에서는 매우 태연한 척했다. 하지만 내면의 큰 슬픔을 감당하기 어려웠고, 슬픔을 견디기 위하여 도박과 과음, 폭식, 과소비 등을 이어갔다.

그녀는 몇몇 부유한 남자로부터의 구혼을 받았지만 넬슨을 여전히 사랑했기 때문에 모두 거절했다. 그러면서 넬슨이 전쟁에 이겨 부상과 보상금을 받으면 자신 역시 수혜자가 될 것을 믿으면서 지냈다. 두 사람은 지속적으로 편지를 주고받았는데 이때 넬슨은 아들을 메튼 저택에서 잘 보살펴 주길 부탁하기도 했다.

1804년, 넬슨의 귀환이 임박했을 무렵 엠마는 저택의 가구를 비롯한 장식을 모두 바꾸면서 많은 비용을 지불했고, 이 무렵 다섯 살 난 아들 호레이쇼가 회복되기 시작했다. 1805년 8월 잠시 런던으로 돌아왔던 넬슨은 다시 전장으로 돌아갔다. 그리고 엠마는 편지를 통하여 '앞날에 함께 지내면서 걸맞는 지위와 품위 유지를 위한 충분한 준비'와 입양했던 딸 역시 넬슨이라는 가족 명을 쓸 수 있다는 언질을 받았다. 1805년 10

월 21일, 넬슨의 함대는 트라팔가 해전에서 프랑스-스페인 연합 함대를 격파했지만, 넬슨은 전투 중 중상을 입고 세 시간 후에 죽고 말았다. 그의 사망 소식은 한 전령에 의하여 메튼 저택에 전달되었는데 엠마는 그때를 이렇게 회상했다.

"해군성에서 제독의 소식을 전하고자 휘트비 대위(Captain Whitby)가 왔고 나는 '직접 그를 보여주세요'라고 말했다. 그러자 그가 안으로 들어와 창백한 얼굴과 희미한 목소리로 '우리는 큰 승리를 거두었습니다'라고 말했다. 그때 나는 '해군의 승리는 알고 있으니 언급하지 마세요'라고 말하면서 '내게 온 편지, 내 편지를 주세요'라 했는데 이때 휘트비 대위는 말을 못 하면서 눈물만을 흘렸고, 그의 얼굴이 마치 죽음처럼 창백해서 비로소 무슨 일이 벌어졌는지 알 수 있었다. 나는 비명을 지르면서 뒤로 넘어져 그후 거의 열 시간 동안 아무 말도, 눈물조차 흘리지 못했다."

이후 엠마는 몇 주 동안 슬픔에 잠긴 채 침대에만 누워 있었고 종종 비통한 슬픔에 빠진 방문객들을 맞이했다. 몇 주 지나 넬슨이 죽기 전에 국가와 더불어 그녀와 아들을 돌봐달라고 했다는 말을 전해 들은 그녀의 슬픔은 더욱 컸다. 그러나 주 정부에서 1만 4,000파운드를 지원한 장례식에 엠마는 참석할 수 없었고 남자 가족과 친지들만 초대를 받았다. 엠마는 여성 가족, 친지들과 함께 보내면서 그들 모두에게 식사 등을 제공했다. 또한 1806년부터 1808년까지 유력 인사들을 불러 파티를 열면서 메튼 저택을 넬슨의 기념관으로 만들고자 노력했다. 그러나 남편 윌리엄 경의 유산에서 받던 연간 800파운드가 그런 노력을 위한 비용으로도 충분하지 않아 큰 빚을 지고 말았다. 결국 그녀는 본드가에 있는 작은 집으로 이사했지만 메튼 저택을 결코 포기할 수 없었다.

아무튼 메튼에서 모임을 계속 이어 나갔지만 기대했던 왕자를 비롯한 왕가 공작들의 반응은 더 이상 바랄 수 없었다. 결국 과도한 빚을 진 그녀는 형사적 처벌의 대상이 되었고, 법에 의하여 감옥 주변으로 주거가 한정되었다. 게다가 넬슨 경이 해밀턴 부인에게 보낸 편지집이 1814년 4월에 출판된 후 여론은 그녀에게 적대적으로 변했다.

엠마는 아들과 함께 국외 탈출을 기도하면서 일반 여객 선박을 타고 가면 체포될 위험이 있었기 때문에 1814년 7월 1일에 50파운드를 지불하고 배를 빌렸다. 그녀와 가족은 칼레로 향하는 개인 선박을 이용하기 전 일주일 동안 숨어 지냈다. 우여곡절 끝에 칼레로 온 그녀는 여러 건강 문제에 시달렸고, 가톨릭을 믿기로 하면서 생 피에르 예배당에 출석했다.

11월에 그들은 허름한 동네에 있는 저렴한 아파트로 옮겼고 이때부터 그녀는 계속 과음을 하면서 아편의 일종인 약제(laudanum)를 복용하기 시작했다. 엠마는 1815년 1월 15일 49세의 나이로 세상을 떠났다. 1월 21일 칼레에 있는 마을 밖 공동묘지에 묻혔으며, 그녀의 친구 조슈아 스미스(Joshua Smith)는 가톨릭 방식으로 조촐한 장례 미사를 치러주었다. 그녀의 묘지는 전쟁이 이어지면서 소실되었지만, 1994년에 한 단체가 그녀를 기리기 위해 위한 기념탑을 리슐리외 공원(Le parc Richelieu)에 세웠다.

엠마 하트, 또는 엠마 해밀턴으로 알려진 그녀의 공식적인 호칭은 '해밀턴 부인'이다. 그녀는 1791년 윌리엄 해밀턴 경의 아내가 되었고, 1800년에 명예로운 귀족 부인이 되었으며, 이후 몰타 기사단(Order of Malta)의 여성 권리 회원으로서 자격을 가졌다. 이는 프랑스로부터 몰타섬을 방어하고자 하는 역할을 인정하여 수여된 이례적인 지위였다. 1806년 이후 영국 정부는 그녀의 원래 성(Lyon)에서 따온 세 마리의 사자와 몰타 십자가를 나타낸 그녀의 문장(Coat of Arms)을 정하여 헌정했고 몰타 기사단의 십자가(Maltese Cross) 역시 함께 추서했다.

레뮤엘 프란시스 애보트

레뮤엘 프란시스 애보트(Lemuel Francis Abbott, 1760~1803)는 영국의 초상화가로, 호라시오 넬슨 제독을 비롯한 당시 해군 고급 장교들과 18세기 문학인들을 그려 유명하다. 그는 교구 목사의 아들로 레스터셔에서 태어났고, 그의 어머니는 부목사로서 아버지를 도왔다고 한다. 그는 14세 때 런던으로 가서 프란시스 헤이먼(Francis Hayman)으로부터 그림을 배우다가 이듬해 그가 죽자 다시 집으로 돌아왔다. 그후 스스로 그림

레뮤엘 프란시스 애보트

을 그리다가 주위의 권고로 더비(Derby)의 조셉 라이트(Joseph Wright)에게서 배울 수 있었다.

1780년, 애보트는 안나 마리아(Anna Maria)와 결혼한 후 런던에 정착하여 블룸스버리(Bloomsbury)의 캐롤라인 거리에서 오래 살았다. 그는 아카데미 출신은 아니었지만 왕립미술전에 작품을 출품했다. 하지만 주문이 많아지면서 무리하게 작업을 해야 했고 여기에 불행한 집안 문제까지 더해지면서 점점 정신이 이상해졌다고 한다. 그리하여 1798년 정신 이상을 진단받고 당시 정신병의 권위자로서 국왕 조지 3세도 치료했던 의사 토마스 먼로(Thomas Munro)에게서 진료받았다. 애보트는 1803년 12월 런던에서 세상을 떠났다.

그는 당시의 많은 인물의 초상화를 그렸는데 그중 넬슨의 초상화는 1797년 두 사람이 런던의 본드 거리의 숙소에 있던 시기부터 그리기 시작했다. 완성된 초상화에 넬슨과 그의 아내 모두 만족했는데, 특히 아내는 "정말 똑같이 그린 대단한 작품으로, 나는 애보트의 노력에 경의를 표한다"라고 말했다.

넬슨의 초상화와 같은 기간 로버트 칼더(Robert Calder) 제독, 토마스 패슬리(Thomas Pasley) 중장, 윌리엄 로커(William Locker) 대위, 천문학자 윌리엄 허셀(William Herschel), 시인 윌리엄 카우퍼(William Cowper), 미술가 프란체스코 바르톨로치(Francesco Bartolozzi)와 조셉 놀레켄스

넬슨 제독(Rear-Admiral Sir Horatio Nelson), Lemuel Francis Abbott, 1799, 76.2×63.5cm, National Maritime Museum, Greenwich, London

(Joseph Nollekens), 기업가 매튜 볼턴(Matthew Boulton)과 존 윌킨슨(John Wilkinson) 등의 초상화도 그렸다. 이 중 왕립블랙히스골프클럽(Royal Blackheath Golf Club)의 총재였던 헨리 칼렌더(Henry Callender)의 초상화는 골프 역사의 초기 그림 중 하나로 꽤 중요한데, 그 복제품들이 전 세계 골프 클럽에 걸려 있다고 한다. 그러다가 원본은 2015년 12월 9일 런던의 본엄스(Bonhams)에서 팔렸다.

다니엘 맥라이즈

다니엘 맥라이즈(Daniel Maclise, 1806~1870)는 아일랜드의 역사 화가, 문학 관련 초상화 화가, 삽화가로 일생의 대부분을 영국 런던에서 보냈다. 맥라이즈는 아일랜드 코크에서 태어났는데 아버지는 가죽 관련 일을 했던 전직 스코틀랜드 하이랜더(Scottish Highlander)의 병사였다. 맥라이즈는 매우 평범하면서 기본적인 교육을 받았고, 특히 문화에 큰 관심을 기울이며 책 읽기를 매우 좋아하면서 화가가 되고자하는 꿈을 꾸었다. 하지만 그의 아버지는 1820년 그를 은행(Newenham's Bank)에 취업시켰고, 그는 코크미술학교에서 공부하기 위하여 그곳에서 2년 동안 근무한 후 그만두었다.

다니엘 맥라이즈

1825년 월터 스콧 경(Sir Walter Scott)이 아일랜드를 여행하고 있을 때 서점에서 그를 본 젊은 맥라이즈는 그 위대한 인물의 스케치를 만들고 나중에 석판화로 제작했는데 그게 매우 인기를 끌었으며, 연필로 마무리했던 초상화는 많은 주문으로 이어졌다. 그러자 그의 주변에 있던 영향력 있는 여러 친구가 천재적 재질이 있는 그를 런던에서 공부하도록 만들기 위하여 애를 썼는데, 이때 그는 재정적 지원을 거부한 채 스스로 돈을 모아 1827년 7월 18일 런던으로 갈 수 있었다. 이후 그는 런던에서 한 배우(Charles John Kean)의 스케치를 스콧 경의 초상화처럼 석판화로 만들어 상당한 금액을 벌어들이는 성공을 거두었다. 그리고 1828년 왕립미술학교에 입학한 후 학생들에게 주어지는 최고상을 수상했다.

1829년에 그의 작품이 아카데미 미술전에 처음으로 전시되었고, 점차 캠벨(Campbell) 경, 소설가 레티시아 랜던(Letitia Landon), 찰스 디킨스(Charles Dickens) 등 그가 선호하는 문학 작품과 관련한 작가들의 초상화와 더불어 친구들 및 때때로 변하는 주제 및 역사적 그림들로 자신만의 세계를 한정하기 시작했다.

1833년에 두 장의 그림만을 전시하여 그의 명성을 크게 높였으며 1835년 아카데미 회원으로 선출되었고 이어 1840년에는 정회원이 되었다. 그 후 몇 년 동안 그는 역사와 전통, 셰익스피어, 골드스미스(Oliver Goldsmith), 르 세이지(Alain-René Le Sage)의 작품에서 주제를 따온 일련의 인물 그림에 몰두했다. 그렇게 강렬한 표현으로 위대한 역사적 작품들을 그렸고 의뢰받은 다양한 작업을 수행하면서 작가의 건강은 심각하게 악화되었다. 그래서 그는 이전에 좋아

넬슨의 사망, 상세 (Detail, The Death of Nelson), Daniel Maclise, 1859–1864, 985×3530cm, Walker Art Gallery, Liverpool

했던 동료들을 피하며 활력을 잃어갔다. 1865년에 왕립미술원의 회장직을 제안받았을 때 그는 그 영예를 거절했다. 그러다가 1870년 4월 25일 첼시(4 Cheyne Walk, Chelsea)에 있는 자택에서 급성 폐렴으로 사망했다. 그 다음해 그의 친구(William Justin O'Driscoll)가 그에 대한 회고록을 출판했다.

넬슨의 사망(The Death of Nelson), Daniel Maclise, 1859–1864, 985×3530cm, Walker Art Gallery, Liverpool

마담 퐁파두르(1)

역사 속에서 꽤 중요했던, 혹은 유명했던 여인들은 '총희'라고 일컬어진다. '총희(寵姬)'는 '특별히 사랑과 귀여움을 받는 여인'이라고 사전에서 정의하고 있지만, 이는 주로 왕실에서 쓴 말이다. 영어로 뜻을 찾아보면, 누군가가 가장 좋아하는 정부(情婦)라고 나오는데 이때 누군가는 바로 '왕'이 된다.

영국이나 프랑스를 중심으로 유럽의 대표적인 왕가의 역사를 살펴보면 그들의 정략 결혼이 거의 일반적이었고 그럴 수밖에 없었음을 알게 된다. 왕비만 무려 여섯 명이나 두었던 잉글랜드의 헨리 8세의 경우, 형의 죽음과 함께 왕위를 이어받으면서 과부가 된 형수와 결혼했다. 자신의 의지와는 아무런 상관없이 오로지 왕위 계승을 위한 혼인이었던 셈이다. 그리하여 그는 재혼과 삼혼 등 이어지는 중혼으로 무리를 하면서 흥미로운 역사를 만들었다.

이웃 국가 왕실과의 정략적 결혼은 전쟁과 같은 갈등을 막기 위한 일종의 '고육지책(苦肉之策)'이었다. 그럼에도 정략 결혼은 유럽의 거의 모든 왕실에서 일종의 관행으로 이어졌다. 그러므로 애정 없이 이루어진 결혼과 그에 따른 반발과 부작용으로 왕들은 궁내의 매력적인 여인들에게 눈을 돌릴 수밖에 없었으며 그에 대한 대책(?) 역시 어떤 관례가 되다시피 했다. 왕의 여인, 즉 애인을 공식적으로 두도록 했으며, 그녀에게 직위를 주는 궁 안의 제도가 바로 그것이었다.

프랑스 왕의 '공식적 총희(maitresse en titre)'였던 마담 퐁파두르(Madame

마담 퐁파두르(Portrait of Madame de Pompadour), François Boucher, 1756, 212×164cm, Alte Pinakothek Kunstareal, Munich de Pompadour, 1721~1764) 역시 그런 직위를 누렸던 대표적인 인물이었다. 왕이 가장 총애했던 애첩(愛妾)이자 정부이면서 나아가 국정을 좌지우지했던 여인이었던 그녀는 글자 그대로 왕실이 공식적으로 승인했던 여러 정부(mistress), 즉 총희 중 대표였다.

1789년 일어난 프랑스 혁명의 한 세대 이전이었던 루이 15세 때 긴장 속의 정치 환경에서 왕으로부터 총애를 받으면서 죽을 때까지 영향력을 행사했던 '총희' 즉 공식 정부(情婦)는 바로 마담 퐁파두르 또는 후작 부인 퐁파두르(Marquise de Pompadour)로 알려진 잔느 앙투아네트 프와송(Jeanne Antoinette Poisson)이었다.

파리에서 태어난 그녀의 실제 아버지는 부유한 금융업자 장 파리 드 몽마르텔(Jean Pàris de Monmartel) 또는 세무서장 투르네엠(Charles François Paul Le Normant de Tournehem)이었으리라고 추측된다. 다섯 살 되던 해 잔느는 포이시(Poissy)에 있는 당시 최고의 교육 기관 중 하나였던 위르술린(Ursuline) 수도원에서 공부를 시작했는데 명석한 두뇌에 재치 있는 매력으로 담당자들 모두 감탄했다고 한다. 하지만 아홉 살 무렵 백일해 등으로 건강이 악화되어 집으로 돌아왔다. 이때 그녀의 어머니는 아이를 점술가에게 데려갔는데, 점을 치던 르봉 부인(Madame de Lebon)은 그 소녀가 언젠가는 왕의 마음을 사로잡게 될 것이라고 예언했다고 한다.

그리하여 그녀는 그때부터 '작은 왕비'라는 별명을 얻으면서 루이 15세의 정부가 되기 위한 준비를 시작했다. 그녀는 음악, 춤, 소묘, 회화, 판화, 연극, 예술 및 연극 전체를 암기하는 능력 등을 당대 최고의 교사들로부터 배울 수 있었는데 그런 교육을 받게끔 온갖 지원을 했던 사람이 바로 세무서장 투르네엠이었다. 그래서 그가 그녀의 실제 아버지일 수도 있다는 의심이 시작된 것이다. 19세가 된 잔느는 실질적 보호자였던 투르네엠의 조카이자 아저씨를 닮아 수완이 좋았기 때문에 큰 사업을 시작했던 노명 데티올(Charles Guillaume Le Normant d'Étiolles)과 결혼했다.

1740년 12월 15일 투르네엠은 조카를 자신의 유일한 후계자로 삼았는데 그렇게 물려 받은 것 중에는 결혼 선물로 받은 파리 남쪽 28km에 있는 에티올(Étiolles)의 사유지도 있었다. 아무튼 새롭게 결혼한 부부는 열렬히 사랑에 빠졌지만 그들의 첫 아들은 영아기에 세상을 떠났고 1744년에 태어난 딸 역시 9세에 사망했다. 신혼 부부는 결혼식 무렵부터 파리의 유명 인사들이 주최하는 살롱과 같은 고급 사교 장소에 모습을 드러내기 시작했다. 잔느는 볼테르(Voltaire), 샤를 피노 뒤클로(Charles Pinot Duclos), 몽테스키외(Montesquieu), 헬베티우스(Helvétius), 베르나르 드 퐁트넬(Bernard de Fontenelle)을 포함한 계몽주의의 주요 인물들과 어울렸다. 그러다가 잔느는 이들 문화적 엘리트들(Crebillon fils, Montesquieu, Cardinal de Bernis, Voltaire)이 참석하는 자신만의 살롱을 만들어 수준 높은 대화와 함께 예술에 큰 관심을 보이면서 모임을 이끌어갔다. 그녀가 그렇게 만들어 간 독특하고 고급스러운 분위기는 나중에 베르사유 궁전에까지 알려질 정도로 발전했다. 파리의 살롱에서 이루어진 우아함과 함께 아름다웠던 잔느의 소문은 1742년 루이 15세에게 이어졌고 왕을 비롯한 궁내 인사들 모두 잔느 앙투아네트의 이름을 알게 되었다.

잔느는 1744년 루이 15세가 세나르(Sénart) 숲에서 사냥을 하는 동안 그의 눈에 띄고자 노력했는데 이는 꽤 알려진 이야기이다. 이때 그녀는 사냥터 근처에 있는 땅을 점유하고 있었기 때문에 왕실의 행사에 참여할 수 있도록 허가받을 수 있었다. 그녀는 왕의 주목을 끌고자 핑크빛 의상을 입고 푸른 마차를 몰고 나타나는 연출을 했다. 국왕이 그녀에게 사냥으로 잡은 사슴 고기를 선물로 보내자, 당시 왕의 총희였던 마담 샤토루(Madame de Châteauroux, Marie Anne de Mailly)가 잔느에게 경고하는 일까지 벌어졌다. 그런데 1744년 12월 샤토루가 사망하면서 총희의 자리가 공석이 되고 말았다.

그 후 1745년 2월, 잔느는 프랑스의 왕세자 루이(Dauphin Louis)와 스페인 왕녀 마리아 테레사(Infanta Maria Teresa)의 결혼을 축하하기 위하여 베르사유 궁전에서 열린 가면무도회에 참석하라는 공식 초청을 받았다. 이무도회에서 왕은 주목나무로 변장한 일곱 명의 신하와 함께 잔느 앙투아네트에 대한 애정을 공개적으로 천명했는데 이때 잔느는 세나르 숲에서의 만남을 상기시키고자 사냥의 여신 다이애나로 분장했다. 잔느는 3월까지 베르사유 궁전 내 국왕의 처소 바로 위 아파트에 머물면서 비로소 그의 정부가 되었고, 5월 그녀와 그녀의 남편 사이에는 공식적인 별거가 선언되었다. 이때 궁정에서의 호칭을 위하여 그녀에게 적절한 직위가 필요했고, 이에 왕은 6월 24일 퐁파두르 후작직(marquisate of Pompadour)을 사들여 잔느 앙투와네트에게 후작 부인 칭호와 문장, 영지를 제공하면서 그녀를 자신의 공식적인 총희로 임명했다.

1745년 9월 14일 퐁파두르 부인은 왕의 사촌인 콩티 공주가 이끄는 행렬에서 당당히 앞장서서 입장했다. 그녀는 궁정에서 자신의 위치를 굳건히 하기 위해 왕실과 좋은 관계를 맺으려는 시도를 시작했다. 또한 왕비 마리 레슈친스카(Queen Marie Leszczyńska)에게 존경과 충성을 맹세했고, 이어 궁정의 고급 예절을 빠르게 익혀 나갔다. 이윽고 궁정에서 점차 그녀를 선호하는 분위기가 만들어졌고 그에 따라 퐁파두르는 막대한 권력과 함께 영향력을 넓혀나가면서 1752년 10월에는 공작부인으로, 1756년에는 궁정의 여성 중 왕비 다음 지위로, 1756년에는 왕비 바로 옆에서 보좌하는 최고 궁녀로 승진했다. 즉 그녀는 궁내 시종 중 가장 높은 지위의 여인이 되었다. 일종의 총리로의 역할을 효과적으로 수행하면서 인사권까지 쥐었고, 나아가 국내외 정치에 개입하기 시작했다.

프랑수아 부셰

프랑수아 부셰(François Boucher, 1703~1770)는
프랑스 로코코를 대표하는 화가이자 동판화가
였다. 그는 화려하면서도 이상화한 여성의 육감
적 몸매를 고전적 주제로 표현하여 유명해졌다.
아울러 그는 장식이 가득한 은유를 비롯하여
전원 풍경 역시 잘 그렸던 18세기의 대표적 화
가 중 한 사람이었다.

파리 출신으로, 아버지는 그리 잘 알려지지 않
은 화가 니콜라 부셰(Nicolas Boucher)로, 그는
아들에게 그림의 기초를 가르쳐 주었다. 열일곱

프랑수아 부셰

살이 되어 아들 부셰의 그림은 다른 화가 레모네(François Lemoyne)의 눈에 들어 그의 도제가
되었지만, 3개월 후 장-프랑수아 카르(Jean-François Cars)에게로 가서 판각가로 일했다. 1720
년, 출품했던 그림이 로마대상(Grand Prix de Rome)을 받으면서 부셰는 이탈리아로 가서 공부
할 수 있었고, 이어 이름난 화가로 승승장구하기 시작했다.

1733년 결혼한 부셰는 이듬해 아카데미의 교수가 되었고, 이어 책임자급으로 승진한 후
1765년 국왕을 위한 최고 화가가 되었다. 그는 1770년 파리에서 세상을 떠났는데 그의 주된
후원자였던 퐁파두르 부인(Madame de Pompadour)과 더불어 프랑스 로코코를 나타내는 대명
사가 되었다. 그를 두고 공쿠르 형제(Goncourt brothers)는 한 세기의 취향을 표현하고 의인화했
으며 구현했던 사람 중 대표라고 칭했다.

부셰는 유명 보석 조각가 자크 기에(Jacques Guay)에게 소묘를 가르쳤고 1767년, 모라비아
(Moravia)계 오스트리아 화가 마르틴 페르난드 쿠아달(Martin Ferdinand Quadal)과 유명한 신고
전주의 화가 자크-루이 다비드(Jacques-Louis David)의 멘토가 되었다. 나중에 그는 기에의 세
공으로 퐁파두르 부인이 새겨진 호화스러운 그림집을 만들어 궁정 사람들에게 배포했다.

그는 피터 폴 루벤스와 앙투안 와토(Antoine Watteau) 등에게서 영감을 받았으며, 초창기 작품

은 자연 풍경에 목가적이며 고요한 묘사가 대부분이었지만 세부 묘사는 동적인 모습이었다. 하지만 그의 일반적인 회화 세계는 전통적이자 신화적인 장면이 많기 때문에 서사적이기보다는 감정적이었다. 점차 친밀한 사랑과 같은, 궁극적으로 에로티시즘 장면 묘사로 전환하면서 전통적인 시골 모습과 같은 순수함을 버리고 말았다.

그와 함께 로코코 미술을 나타내는 대명사였던 퐁파두르 후작 부인은 그의 열렬한 후원자이자 찬미자였다. 그녀는 종종 '로코코의 대모(godmother of Rococo)'로 일컬어지는데 부셰의 초상화에 그녀의 실존이 그대로 투영되었고 그러면서 자신 이미지의 재현을 실현했다고 볼 수 있다.

반면에 자신의 가족을 그린 '아침 식사(The Breakfast, 1739)'와 같은 그림은 그가 자신의 아내와 아이들을 모델로 삼으면서 장르(genre)화에서도 대가였다는 사실을 알려준다. 그렇게 친밀하게 그린 가족 그림은 그가 그렸던 '오달리스크(Odalisque) 초상' 등에서 볼 수 있는 방탕한 스타일과 완전히 대조적이다. 그가 그렸던 검은 머리 오달리스크를 두고 평론가 드니 디드로(Denis Diderot)는 '자신의 아내를 매춘으로 내몰았느냐'라고 했다. 금발의 오달리스크는 국왕의 일탈된 애정 행각을 초상화로 그렸던 것이다. 그는 그런 방식으로 부유하며 특권 있는 수집가들의 주문을 받아 금전적 이익과 함께 악명을 얻기 시작했고, 경력 말기에는 적지 않은 비판을 받아야만 했다.

회화 세계와 별도로 그는 극장의 의상과 세트 및 직조 공예(tapestry) 등도 디자인했으며 왕가가 주최한 궁정 축제와 오페라, 베르사유 궁전, 퐁텐블로, 슈아지 궁전을 위한 디자인을 하면서 명성이 높아져 판화에 이어 도자기 등의 디자인까지 맡았다. 그는 매우 많은 작품을 연이어 제작한 도안사(draftman)이자 소묘가, 판화가였다.

그의 소묘들은 회화를 위한 준비와 판화 제작을 위한 밑그림 정도를 벗어나 수집가들이 선호했던 완성된 예술 작품으로 인정받았다. 게다가 재능있는 조각가이자 동판화가로 약 180개의 원본 판화를 만들었는데 그것은 선배 와토가 남긴 양을 훨씬 뛰어 넘었다. 자신의 그림이 팔리기 시작했을 때, 회화 작품 약 266점을 질 드마토(Gilles Demarteau)의 아로새김 조각(stipple)으로 따로 제작할 수 있었는데 빨간 잉크로 인쇄된 작은 그림으로 액자에 넣을 수 있었다.

이아상트 리고

이아상트 리고

이아상트 리고(Hyacinthe Rigaud, 1659~1743)는 원래 카탈루니아 출신으로, 프랑스의 루이 14세의 초상화와 다른 귀족들 그림으로 유명한 화가였다. 스페인이 1659년 피레네 조약에 따라 영토의 일부를 프랑스에 할양하기 몇 달 전, 리고는 당시 아라곤(Aragon) 왕국의 땅이었던 페르피냥(Perpignan)에서 태어났다. 그의 원래 가족 이름 리가우(Rigau)는 카탈루니아 계통을 말하며, 그는 재단사의 아들이자 루시옹(Roussillon) 출신의 길드 소속 화가의 손자이며 또 다른 화가(Gaspard)의 형이었다.

그는 아버지의 일을 물려받고자 재단사 교육을 받았지만 1671년부터 몽펠리에(Montpellier)의 앙투안 랑(Antoine Ranc) 밑에서 화가로서의 수업받은 후 리옹(Lyon)으로 갔다. 그 두 곳에서 플랑드르, 네덜란드, 이탈리아 회화를 접했는데 특히 루벤스, 반 다이크, 렘브란트, 티치아노의 그림에 빠지면서 그들의 작품을 수집했다.

1681년 파리에 도착한 그는 우수한 작품을 만들면서 1682년 로마상(prix de Rome)을 받았지만, 샤를 르 브룅(Charles Le Brun)의 조언을 받아들여 로마로 가서 수업하지는 않았다. 1710년 왕립회화조각아카데미의 회원이 되었고, 그 기관의 회장이 되었다가 1735년 물러났다.

그의 회화를 보면 대상의 의상 및 배경 세부 등에서 매우 정확하고 사실에 가까운 장면 및 인물 등을 나타내고 있기 때문에 정확함의 기준이 되면서 당대의 패션 기록으로까지 인정받았다. 그가 리옹에 갔을 때의 기록은 남아 있지 않지만, 그곳에서 수업했던 사뮤엘 부아시에(Samuel Boissière)의 그림은 남아 있다. 그렇지만 그가 정확하게 묘사한 옷을 통하여 당시 직물 상인들을 위하여 일했음을 알게 해준다.

1695년 그는 플랑드르 방식의 영향을 받은 독특한 크리스트교 관련 작품(Christ expiant sur la

대관식 복장의 루이 15세(Louis XV in Coronation Robes), Hyacinthe
Rigaud, 1730, 271×186cm, Musée de l'Histoire de France,
Versailles

Croix)을 두 점 제작했는데 이는 그가 역사적 또는 종교적 장르로 자신의 세계를 넓혔음을 말

해준다. 그 첫 번째 작품을 어머니에게 보냈는데 어머니가 세상을 떠나면서 작품은 페르피냥

에 있는 그랑 어거스틴수녀원에 남았고, 두 번째 그림은 1722년 자신이 태어난 도시의 도미

니카회 수녀원에 기증했다.

1696년 봄, 그는 파리로 돌아와 그해 가장 중요한 초상화 중 하나를 그렸다. 그것은 생-시몽

(Saint-Simon) 공작이 대수도원장을 멋지게 표현하게끔 하여 초상화는 물론 그림의 역사에 길

이 남을 명작으로 삼고자 했던 의도였다. 1709년 리고는 고향인 페르피냥의 귀족이 되었으며, 1727년 성 미카엘 기사단의 기사가 되었다. 그는 1743년 84세의 나이로 파리에서 사망했다.

오늘날 리고의 작품들은 세계 주요 미술관에서 볼 수 있으며, 그의 그림이 몇 점인지는 정확히 알 수 없다. 아울러 그는 오랜 친구이자 조각가 대쟈르댕(Desjardins)을 비롯하여 지라동(Girardon) 및 코에세부아(Coysevox)와 같은, 미술 세계에서 중요한 인물들도 그렸다. 아울러 다른 저명한 예술인, 건축가, 시인을 비롯하여 플뢰레(Fleury) 추기경, 보쉬에(Bossuet) 추기경과 대주교, 주교 등을 그렸는데 그들은 이미지에 의한 영향력 확대를 위하여 그에게 많은 돈을 지불했다고 한다. 1820년, 그의 고향 페르피냥에서는 그를 기리는 미술관(Musée des Beaux-arts Hyacinthe Rigaud)이 그에게 헌정되었다.

마담 퐁파두르(2)

1755년 오스트리아의 저명한 외교관인 코니츠-리트베르그(Kaunitz-Rietberg)의 왕자 벤젤 안톤(Wenzel Anton)은 마담 퐁파두르에게 접근하여 베르사유 조약으로 이어지게 되는 협상에 개입해달라고 요청했다. 그녀는 그 정도로 중요한 사람이 되었고, 그 일은 프랑스가 이전의 적이었던 오스트리아와 동맹을 맺게 되는 외교 혁명의 시작이 되었다.

결국 유럽 열강은 변화된 동맹 관계를 만들면서 '7년 전쟁'에 돌입하여 프랑스, 오스트리아, 러시아가 영국, 프로이센과 맞붙었다. 프랑스는 1757년 로스바흐(Rossbach) 전투에서 프로이센군에게 패했고, 결국에는 영국에게 미국에 있는 식민지까지 빼앗기고 말았다. 전투의 패전이 명백해졌을 때 마담 퐁파두르는 유명한 말 몇 마디(홍수보다는 내가 있잖아요, After me, the flood, Après moi, le déluge)를 하여 진심으로 왕을 위로했다. 하지만 프랑스는 그 일로 인하여 파산 상태에 빠졌다.

그랬음에도 퐁파두르 부인은 관련 정치 및 외교 노선을 밀고 나갔고, 드 베르니 추기경(Cardinal de Bernis)은 그녀를 끌어내리고자 했다. 그때, 그녀는 슈와슬(Choiseul)을 취임시키면서 그가 수립했던 1763년의 가족 협약(the Pacte de Famille)의 일환이었던 파리 조약과 예수회(Jesuits)에 대한 억압이라는 대단한 계획들을 밀고 나가게끔 했다.

당시 전쟁에서 연전연승했던 영국은 드디어 프랑스를 제치고 식민지 경쟁에서 우위를 차지하게 되었는데, 이런 일련의 과정 모두 책임이 퐁파두르 부인에게 있다는 비난이 많았다. 하지만 퐁파두르 부인은 프랑스를

사냥의 여신 마담 퐁파두르(Madame de Pompadour en Diane), Jean-Marc Nattier, 1746, 102×82cm, Palace of Versailles, Versailles

세계에서 가장 부유한 국가로 만들게 되는 중요한 재정 및 경제 개혁(무역, 기반 시설, 소득세)을 도입했던 베르탱(Bertin)과 마쇼(Machaut)와 같은 위대한 장관을 발탁하여 그들을 지원했다.

풍파두르는 이어 아담 스미스의 이론을 갈고 닦아나가기 위한 학교(Physiocrates school)를 열었고, 파리 대주교가 없애버리고자 했던 드니 디드로(Denis Diderot)와 장 달랑베르(Jean le Rond d'Alembert)가 편집했던 '백과사전' 편찬을 적극적으로 밀어줬다. 그녀와 디드로 사이의 우호의 흔적은 디드로가 남긴 여러 글에서 찾아볼 수 있다.

한편 후작 부인은 왕실 사람이 평민과 다름없는 사람들과 타협하는 일을 수치스럽게 생각한 왕실 신하들과 적대적이 되면서, 이들을 징벌해 달라고 왕에게 요구했다. 이때 루이 15세는 마지못하여 그녀의 적들에 대한 징벌적 조치를 취해야만 했다. 마담 드 풍파두르는 루이 15세 이전의 총희들과 달리 신뢰를 기반으로 하여 왕에게 진실을 말할 수 있는 유일한 사람이 되었고 왕에게 정말로 귀중한 존재로 여기도록 자신을 지속적으로 부각시켰다. 우울하고 싫증을 느끼기 쉽던 루이 15세에게 풍파두르는 진정한 위로를 줄 수 있는 여인이었고, 그녀만이 그를 사로잡으며 즐겁게 해줄 수 있었다. 예를 들어 그녀는, 국왕이 여러 영지를 오가면서 사냥하여 피곤해진 오후에는 왕비까지 초대하여 우아한 파티와 오페라를 열었다. 그렇게 그녀는 국왕에게 즐거움을 선사할 수 있는 유일한 존재였다.

1750년경 풍파두르의 왕에 대한 역할 중 성적(性的)인 관계가 중단되면서 그녀는 조금씩 고립감을 느끼기 시작했는데 그 이유는 그녀가 겪었던 여러 질환 및 체질과 관련 있었다. 그녀는 건강을 회복하기 위해 여러 약물과 식품 등을 이용한 요법을 시도했지만 별로 소용이 없었다. 더욱이 1750년 희년(Jubilee year)을 맞은 왕에게 죄를 회개하고 총희를 버리라는 주변의 압력이 늘기 시작했다.

그렇게 오해와 적지 않은 뒷공론에도 불구하고 퐁파두르는 자신의 역할을 대신해줄 여인을 만들지 않았다. 대신 루이 15세는 베르사유에 지어진 특정 장소(Parc-aux-Cerfs, Stag Park)에서 젊은 여성들을 만났다. 그럼에도 불구하고 퐁파두르는 왕이 가장 좋아하는 존재라는 자신의 중요성을 굳건히 하기 위하여 예술적 후원 프로그램을 적극적으로 이용했다. 그래서 조각가 장 밥티스트 피갈(Jean Baptiste Pigalle)로 하여금 왕과 자신의 애정을 나타내는 조각상을 만들도록 했으며 1759년에는 우아한 그림을 그렸던 로코코 화가 프랑수아 부셰에게 자신의 초상화를 제작하게 했다.

퐁파두르 부인이 이룩했던 여러 일 중에서 매우 중요하면서 깊은 의미를 지닌 일, 나중에 크게 평가받는 두드러진 결과가 바로 파리(Paris)를 유럽에서 예술 문화의 수도로 인식하도록 한 일이다. 그녀는 그 중심에서 큰 영향력을 발휘하여 관련 분야의 진흥에 힘썼다. 그녀는 자신의 후견인 투르네엠과 그녀의 형제 관계였던 아벨 푸아송(Abel Poisson)을 정부 정책과 예술 지출을 통제하는 부서의 책임자로 임명함으로써 문화 예술 진흥을 위한 구체적인 실천에 옮겼다.

퐁파두르 부인은 1759년에 세브르(Sèvres)에 도자기 공장을 설립한 후 완벽한 판매로 이끌면서 국가에 대한 자부심을 느끼도록 유도했다. 이때 수많은 조각가와 초상화 화가가 그녀로부터 후원을 받았는데 그중에는 1750년대의 궁정 화가들이었던 장-마크 나티에(Jean-Marc Nattier), 부셰, 장-밥트스트 레베용(Jean-Baptiste Rèveillon) 및 프랑수아-위베르 드루에(François-Hubert Drouais)가 있다. 또한 그녀는 얼룩마노(onyx), 벽옥(jasper)과 같은 보석류에 조각하는 기법으로 유명했던 자크 기에(Jacques Guay)도 후원했다.

아울러 그녀는 순수 예술 및 장식 분야에서 '로코코' 스타일로 알려지는 문예사조를 위한 자극과 혁신을 이끌었다. 대표적인 작가 부셰의 그림에서 보이듯이 회화는 물론 주거지 건축에서도 화려함을 넘어 여성적 분위기를 드러내 비판을 받았지만, 이는 이후 이어지는 예술의 흐름에 중대한 역할이 된다. 게다가 그녀가 국왕 중심으로 대중적이면서도 수준 높은 예술적 이미지를 고양시키고자 여러 저명한 예술가와 묵시적 계약 관계를 맺었음은 널리 알려진 사실이다.

로코코를 대표하는 화가 부셰는 퐁파두르의 초상화를 많이 그렸다. 그 그림 속의 그녀는 자신의 국제적인 네트워크를 나타내듯 자신만만한 모습을 보이는데 그런 모습은 그녀가 진흥시킨 세브르 도자기들 속에도 있다. 또한 그녀는 표지에 자신의 팔을 찍은 스탬프 표시를 한 자신만의 인쇄기로 1760년에 인쇄된 〈스튜어트 왕가의 역사(History of the Stuarts)〉와 같은 영향력 있는 책을 수집했다. 19세기 런던에서 대단한 책 수집가로 알려졌던 페르디난드 드 로스차일드 남작(Baron Ferdinand de Rothschild)은 그녀의 책들과 함께 1764년 출판된 책 목록 역시 수집하여 퐁파두르의 책 컬렉션을 증거로 남겼다.

한편 기에의 보석 조각에는 그녀의 컬렉션에 따라 국왕을 상징하는 이미지들이 새겨졌고 이어 부셰의 작품을 중심으로 52개의 판화 작품집이 제작되었다. 그것은 '국왕의 세공사 기에의 정밀 조각에 이은 퐁파두르 후작 부인에 의한 판각 판화 연작(Series of Prints engraved by Madame la Marquise de Pompadour after the engraved stones of Guay, engraver of the King)'으로 일컬어진 그녀의 컬렉션이었다. 이렇게 이루어진 그녀의 개인 포트폴리오는 한 미술사가(Susan Wager)에 의하여 워커미술관의 수장고에서 발견되었다.

그녀가 결핵에 걸려, 1764년 42세의 나이로 사망할 때까지 국왕 루이

15세는 정성껏 그녀를 보살폈다. 고통스러운 최후였음에도 이를 감내하던 그녀의 인내에 대하여 당시 궁내에서 그녀에게 적대적이었던 사람들조차 크게 감동했다고 한다. 볼테르는 "부인의 죽음에 무척 슬프다. 그녀에게 큰 빚을 지고 있었기 때문에 감사한 마음으로 애도를 드린다. 거의 걸을 수 없는 고전적 문필가인 내가 아직 살아 있다는 터무니없는 사실역시 그저 슬프기만 하다. 이렇게 훌륭한 일을 했던 아름다운 여인이 마흔두 살이라는 젊은 나이에 죽다니"라며 애도했다.

하지만 그녀와 적대적이었던 이들은 크게 안도했다. 울적해진 마음을달랠 길 없던 국왕은 그녀가 떠나는 날 내리는 빗줄기를 바라보며, "후작부인이 여행을 떠나는 날인데 좋은 날씨가 아니네(La marquise n'aura pas de beau temps pour son voyage)"라고 말했다. 그녀는 파리의 카푸신 수녀원 묘지에 묻혔다.

프랑수아-위베르 드루아

프랑수아-위베르 드루아(François-Hubert Drouais, 1727~1775)는 파리 출신으로, 루이 15세 후반기 앞서가는 초상화가였다. 그가 그린 사람들로는 왕실 가족과 귀족, 외국 귀족, 세금 관리(fermiers-généraux, tax farmers), 파리의 부유한 사람들과 자신이 좋아하는 사람 등이었다. 프랑스 궁정에서 그의 작품은 매우 인기를 끌어 평생 동안 존경의 대상이 되었다.

그의 아버지 위베르 드루아(Hubert Drouais) 역시 화가였는데 샤를-앙드레 반 루(Charles-André van Loo) 및 프랑수아 부세의 견습생이었다. 작가는 왕립미술학교에서 배웠고, 1755년부터 1775년 사망할 때까지 루브르미술관에서 열렸던 살롱에 정기적으로 작품을 전시했다. 그는 배리 공작 부인(Comtesse du Barry) 잔 베수(Jeanne Beçu)가 가장 좋아하는 초상화 화가였으며 1772년부터 그가 죽을 때까지 여러 귀족을 위한 주요 화가로 일했는데 그중 프로방스 백작(comte de Provence) 루이-스타니슬라스-사비에(Louis-Stanislas-Xavier)는 나중에 루이 18세가 된다.

수를 놓고 있는 마담 퐁파두르(Madame de Pompadour at her Tambour Frame), François-Hubert Drouais, 1763, 217×156.8cm, National Gallery, London

또한 루이 15세의 딸인 프랑스 메스담(Mesdames de France) 역시 그의 중요한 후원자였으며, 어린 마리 앙투아네트를 그리고자 비엔나로 화가를 보내려 했을 때 궁정인들은 그를 루이 15세에게 추천했었다. 그가 남긴 초상화 중 유명한 작품으로는 루이 15세와 루이 국왕의 공식 정부였던 퐁파두르 부인, 뒤 바리 부인(Madame du Barry), 프랑스 메스담, 프로방스 백작(comtesse de Provence)과 뷔퐁 백작(comte de Buffon), 파바르 부인(Madame Favart)과 및 젊은 마리 앙투아네트 등이다.

뒤 바리 부인(1)

서양미술사에서 회화를 중심으로 그 흐름을 살펴보면 두 시기의 위대한 양식을 언급하지 않을 수 없다. 바로 르네상스(Renaissance)와 인상주의(Impressionism)이다. 다빈치, 미켈란젤로, 라파엘로, 보티첼리, 지오르지오네, 티치아노 등 일일이 열거할 수 없을 만큼 많은 대가가 활약했던 이탈리아 르네상스는 매너리즘(Mannerism)으로 변화된 후 바로크(Baroque)를 거쳐 프랑스 중심의 로코코(Rococo) 스타일로 이어진다.

로코코는 후기 바로크(Late Baroque)라고 불리기도 했던 18세기 프랑스에서 생겨난 예술 형식을 말하는데, 그 어원은 프랑스어 로카유(rocaille, 조개 무늬 장식, 자갈)에서 비롯되었다. 이는 약간 경박하지만 상대적으로 화려한 색채와 섬세한 장식과 그것들이 이루어진 건축에서의 유행이라고 할 수 있는데 바로크 양식이 수정된 것이라고도 할 수 있다. 또 엄격히 말하여 왕실의 양식이자 귀족과 부르주아의 예술이었다. 유희와 쾌락의 추구에 몰두해 있던 루이 14세가 죽은 후, 18세기 프랑스 사회의 귀족 계급이 추구한, 사치스럽고 우아한 성격 및 유희적이고 변덕스러운 매력과 동시에 부드럽고 내면적인 성격을 가진 사교계 예술을 말하는 것이기도 하다. 그때 귀족 계급의 주거 환경을 장식하기 위해 에로틱한 주제나 아늑함 및 그에 따른 말초적 감미로움이 추구되었고 개인의 감성적 체험을 유도하는 소품 위주로 제작된 결과물이기도 하다.

좁은 의미에서 로코코란 루이 15세 시대(1730~1750)에 유행하던 프랑스 특유의 건축 내부 장식과 미술, 생활 용구들의 양식인 셈이다. 마담 퐁파

마담 뒤 바리(Portrait of Madame Du Barry), Elisabeth Louise Vigée-LeBrun.
1781, 69.2×51.4cm, Philadelphia Museum of Art, Philadelphia, PA

두르에 의해 조개 무늬 장식이 유행을 이루었으니 로코코의 유행도 퐁파두르 부인과 관련 있음을 알 수 있다.

로코코 미술은 프랑스 중심이었으며, 그 특징을 간단히 말한다면 매우 화려한, 화려함의 극치를 나타낸 양식이라고 할 수 있다. 그런 면은 왕가와 귀족 및 막 자리를 잡아가던 부르주아 계층의 생활의 한 단면이었다고 할 수 있다. 화려함의 경쟁 속에 사치와 향락이 이어지면서 사회 계층 사이의 골이 깊어져만 갔다. 그렇게 만들어진 빈부 격차에 따른 질투와 분노로 인하여 결국 프랑스는 엄청난 상처를 동반한 혁명의 소용돌이에 빠졌다.

아무튼 퐁파두르 부인을 그린 그림 대부분이 프랑수아 부셰의 것들인데 그렇게 이루어진 그림들 역시 이전에 그려진 작품들과 비교하여 화려한 기법과 분위기가 보는 이들을 압도한다.

퐁파두르 부인이 죽은 후 국왕 루이 15세는 실의에 빠졌다. 게다가 왕자와 공주 등도 연이어 세상을 떠나 그와 왕비에게는 정말로 견디기 어려운 상황이 되었다. 그를 이어 나중에 왕위에 오르는 비운의 루이 16세는 그의 손자였다. 그렇다면 퐁파두르 부인을 이어 총희가 된 여인은 누구였을까? 그녀는 바로 뒤 바리 백작 부인이었다. 잔느 베쿠, 즉 뒤 바리 백작 부인(Jeanne Bècu, Comtesse du Barry, 1743~1793)은 루이 15세의 마지막 '공식적 총희'였다. 잔느 베쿠는 로렌(Lorraine) 지방의 보쿨러(Vaucouleurs) 출신으로 삯바느질로 삶을 영위하던 어머니 안 베쿠(Anne Bècu), 확실한 정체는 모르고 다만 탁발 수사(friar)로 알려졌던 아버지 사이에서 태어났다.

세 살 무렵에 어머니가 알고 지내던 어떤 남자, 즉 일찍 세상을 떠났던 의붓오빠의 아버지였을 가능성이 큰 사람에 의하여 그녀는 어머니와 함께 파리로 왔다. 어머니는 한 이탈리아 음식점에서 요리사로 일했는데 그곳의 여주인이 잔느를 매우 좋아했고, 결국 부유한 자녀들이 갈 수 있는 수녀원(Couvent de Saint-Aure) 학교에 그녀를 보내 교육시켰다.

15세가 된 잔느는 수녀원에서 나왔고 어머니는 요리사 생활을 끝내야 했다. 그 이유는 잔느의 미모에 대한 여주인의 질투였다는 말이 있지만, 그것이 아니더라도 그와 비슷한 이유들이 있었던 것 같다. 아무튼 이후 잔느는 어머니의 남편과 함께 비좁은 집에 살면서 호구지책을 위하여 애써야만 했다. 장신구 판매를 하면서 파리의 여러 골목을 누볐고, 다른 직업을 모색하기도 했다.

그러다가 먼 친척의 소개로 어떤 과부를 시중들다가 그 과부의 아들들과 문제가 생겨 쫓겨나는 일을 겪었고, 이어 모자 제조점의 여종업원으로 일했다. 잔느는 당시 미술계에서 선호하는 두껍게 말려 들어간 금색 곱슬머리에 아몬드 모양의 파란 눈을 가진 매우 매력적인 여성의 외모였다. 그녀의 아름다움은 기욤 뒤 바리 백작(Comte Guillaume du Barry)의 형제인 장-밥티스트(Jean-Baptiste)의 관심을 끌었다. 1763년 어느 날 그가 소유했던 한 카지노이자 매춘업소에 우연히 놀러 왔던 잔느가 그의 눈에 들었던 것이다.

스스로를 잔느 보베니에(Jeanne Vaubernier)로 소개한 그녀는 바로 뒤 바리의 집 가정부가 되었는데 실제로는 정부(情婦)였다. 뒤 바리는 그녀에게 마드모아젤 랑주(Mademoiselle Lange)라는 이름을 붙인 뒤 파리 사회의 고위층 남자들에게 소개했다. 그렇게 잔느는 고급 매춘부가 되어 귀족 남성, 궁정의 고위층 관리 등을 길고 또는 짧은 기간 연인 또는 고객으로 삼기 시작했다. 그녀의 단골 고객 중에는 나이 많은 정계의 실력자 리슐리외 원수(Maréchal de Richelieu)도 있었는데 두 사람이 연인 관계로 발전하면서 뒤 바리 백작은 그녀를 루이 15세와 연결하여 영향력을 확대하고자 하는 욕심을 품기 시작했다.

결국 루이 15세는 1768년 베르사유에서 심부름하던 그녀와 마주쳤다.

이때 그녀를 왕궁에 기용한 사람은 외무 장관 슈와슬 공작이었는데 그는 그녀를 평범한 하층 여인으로 여겨 단순한 일들을 맡기고자 했던 것이다. 국왕은 그녀에게 큰 관심을 보여 궁정에서 일을 계속하며 지낼 수 있도록 했다.

잔느는 왕의 내실에 자주 들락거리게 되었고, 그러는 가운데 그녀의 정체가 매춘부였다는 사실이 서서히 궁정에 알려졌다. 그 사실은 그녀가 궁내의 직위를 차지하는 데 장애물이 되었고 이를 알게 된 국왕은 귀족 남자와 결혼하라고 그녀에게 명령을 내렸다. 그녀의 과거 문제는 1768년 9월 1일 뒤 바리의 동생인 기욤 뒤 바리 백작(Comte Guillaume du Barry)과 결혼함으로써 해결되었다. 그 결혼 예식, 즉 신분 세탁에는 잔느 뒤 바리(Jeanne du Barry)가 직접 만든 가짜 출생증명서가 첨부되었는데 그녀는 자신이 귀족의 혈통을 이어받았음은 물론, 실제 나이보다 3년 어리게 서류를 조작하였다.

뒤 바리 부인(2)

잔느는 드디어 왕의 숙소 위의 방을 쓰게 되었지만 공식적 절차를 밟지 않았던 까닭에 고립된 삶에 가까운 나날이 이어졌다. 궁내에서는 그녀와 친해지려는 사람이 거의 없었는데, 그 이유는 그녀가 매춘부였다는 소문이 퍼졌기 때문이다. 그녀는 담담하게 자신의 과거를 받아들이며 살고자 했지만, 어쨌든 괴로운 나날이었다. 그럼에도 뒤 바리 백작은 잔느를 끊임없이 괴롭히면서 왕과 만날 약속을 잡으라며 수없이 재촉했다. 하지만 궁정의 질서를 먼저 생각해야 했던 루이 15세는 그녀에게 적절한 궁내 후원자를 정해달라고 요청했고 결국 리슐리외가 그 책임을 떠안았다. 게다가 그녀 곁에서 시중을 들 시녀를 뽑는 과정도 어려웠다. 적지 않은 대가를 요구했기 때문인데 도박 빚에 쪼들리던 베아른 마담(Madame de Bèarn)이 그 역할을 맡았다.

그리하여 처음 왕을 공식 알현(謁見)할 때가 1769년 4월 22일로, 잔느는 옷과 매무새 치장으로 거의 며칠을 준비했고, 그 화려함이 역사에 기록되었을 정도였다. 잔느는 숑(Chon)으로 알려진 클레어 프랑수아스(Claire Françoise)와 친구가 되었는데 그녀는 장 뒤 바리의 여동생이었다. 그녀는 시골에서부터 잔느와 친구였다는 알리바이를 만들었고, 잔느의 가정교사가 되어 교양 교육을 하며 함께 지냈다. 잔느는 점차 주변의 귀족 여성들과 사귀었고, 그들은 왕의 최측근이라는 잔느의 명성을 내세워 다른 사람들로부터 뇌물을 받기까지 했다. 그렇지만 그녀는 말할 수 없는 소외감을 지속적으로 느끼면서 이를 해소하기 위하여 사치품 구입에

마담 뒤 바리(Portrait of Madame Du Barry), Elisabeth Louise Vigée-LeBrun.
1782, 114.94×89.54cm, National Gallery of Art, Washington D.C.

몰두하였다.

그 무렵 벵골(Bengal) 출신의 젊은 자모르(Zamor)가 루이 15세에 의하여 잔느의 노예가 되었다. 잔느는 그런 자신을 과시하기 위하여 더욱 우아한 옷차림과 화장 등에 신경을 썼다. 친구, 양장점 직원, 보석상 및 예술가들이 제안하는 명품에 관심을 보이며 새 제품을 과시적으로 구입하면서 매우 사치스럽다는 말을 듣기 시작했다. 하지만 그녀는 원래 선량한 본성을 가졌기에 궁에서 억울하게 쫓겨나거나 중벌을 받는 사람들의 사면을 위하여 국왕에게 탄원하는 일도 마다하지 않았다. 물론 그런 과정에는 대부분 자신의 시녀인 마담 베아른의 입김이 작용했다.

그러나 그런 선량한 일들로 인하여 루이 15세는 점차 잔느의 착한 마음씨에 감탄하게 되었다. 갓난아이를 죽게 만들어 영아 살해 혐의를 받고 교수형을 선고받은 어린 소녀에 대하여 총리에게 선처를 요청한 일로 인하여 국왕의 감탄은 그 절정에 이르렀다.

이렇게 적지 않은 선행으로 승승장구하면서 그녀는 더욱 사치스럽게 자신을 꾸몄고, 그것이 궁내 재정에 적지 않은 손상을 입혔다. 하지만 그때부터 그녀의 목적은 분명해졌다. 그것은 퐁파두르 후작 부인이 세상을 떠난 이후 그녀의 자리(총희)를 차지하고자 수단과 방법을 가리지 않던 장관 슈와슬의 누이인 그라몽 공작 부인(Duchesse de Gramon)을 끌어내리는 것이었다.

잔느는 이후 리슐리외의 조카였던 데귀용 공작(Duc d´ Aiguillon)의 지원을 받기 시작했는데, 이 일로 슈와슬과 그라몽 공작 부인은 위기를 느끼기 시작했다. 슈와슬은 끔찍했던 7년 전쟁의 패배로 의기소침해진 국왕에게 전쟁을 다시 일으키도록 유도하면서 이목을 다른 곳으로 돌리고자 했다. 결국 그때 벌어졌던 영국의 포클랜드 제도 점령에 맞서 프랑스가 스페인 편에 서게끔 만들고자 했던 음모가 사람들에게 알려진 후 잔느는 그 사실을 왕에게 바로 고했다. 1771년 크리스마스 전날 슈와슬은 장관직에서 해임되어 궁에서 퇴출당하면서 국왕의 명령에 따라 부인, 여동생과 함께 자신의 영지가 있는 샹틀룹(Chanteloup)으로 유배되었다.

그 이후 잔느는 국왕의 공식 총희가 되어 승승장구하게 된다. 하지만 그녀의 사치는 더욱 심해져 결국 빚을 지는 상태에 이른다. 그 무렵 오스트리아의 마리 앙투아네트는 장래 루이 16세가 되는 왕세손과 결혼식을 올린다. 아이러니하게도 마리 앙투아네트와 장래 루이 16세가 될 왕세손의 결혼이 오스트리아와의 관계 개선에 큰 역할을 했던 마담 퐁파두르 덕분이었다고 말하는 사람이 적지 않다. 두 사람은 연회에서 만나 혼인을 결정하게 되었는데, 그때였는지 분명하지 않지만 앙투아네트는 많은 사람 틈에서 매력적이면서 특히 사치스러운 외모와 수다스러운 목소리를 가진 잔느에 주목했다. 그러면서 오스트리아 지지자였던 슈와슬과 뒤바리 가문, 잔느와의 관련 또한 알게 되었다.

1772년, 분별력을 잃은 루이 15세는 파리의 한 유명 보석상에게 뒤 바리를 위하여 정교하고 화려한 다이아몬드 목걸이를 만들어달라고 요청했다. 그런데 그것은 루이 15세가 죽을 때까지도 완성되지 않았을 뿐더러 값도 치르지도 않은 상태였다. 그 목걸이는 결국 잔 드 라 모트 발루아(Jeanne de la Motte-Valois)와 관련된 스캔들을 일으켰고, 또한 프랑스 혁명이 일어났을 때 마리 앙투아네트가 알자스의 스트라스부르 대주교인 드 로앙(de Rohan) 추기경에게 뇌물을 준 혐의로 기소되는 이유 중 하나가 된다.

그 후 잔느와 함께 프티 트리아농(Petit Trianon)에 머물렀던 루이 15세는 그곳에서 천연두의 첫 증상을 보인 지 며칠 후 사망했다. 이어 손자 루이 16세가 즉위했고 왕비가 된 앙투아네트는 뒤 바리 부부를 모앙브리(Meaux-en-Brie) 근처 퐁토담 수도원으로 유배 보냈다. 수도원에서 2년을 보낸 후, 그녀는 루베시엔느(Louveciennes)로 이사했고, 오랜 친구들과 연락을 취하면서 지내기 시작했다.

그녀는 루베시엔느 성에 살면서 앙리 세이무어(Henry Seymour)에 이어 브리삭 공작(duc de Brissac)과 연애 또는 친밀한 관계를 맺고 있었는데 브리삭 공작 때문에 곧이어 벌어지는 프랑스 혁명의 소용돌이에 말려든다. 당시 파리를 방문했던 브리삭은 폭도들에게 체포되어 학살당했는데 어느 늦은 밤, 잔느는 술에 취한 몇 사람이 성으로 다가오는 소리를 들었고 열린 창문으로 밖을 내다보려는 순간 누군가가 그녀에게 던진 흰색 천 뭉치를 받았는데 그 안에는 브리삭의 피 묻은 머리가 들어 있었다. 그녀는 바로 기절했다.

한편 그녀의 벵골 출신 노예 자모르는 혁명이 일어나자 궁정의 동료들, 즉 하층 노동자들과 함께 자코뱅 일파에 합류하여 혁명 지도자 죠르쥐 그리브(George Grieve)의 추종자가 되었고 자체 치안대의 책임자가 되었다. 이후 뒤 바리 부인은 자모르와 자신의 주종 관계를 단절시켰는데 그 때문에 자모르는 조직 상층부로 달려가 자신이 모시던 여주인을 신랄하게 비난하며 고발했다. 이때 자모르는 뒤 바리 부인이 혁명을 피하여 다른 곳으로 망명했던 이들을 재정적으로 도왔다는 말을 더했다. 그리하여 바로 체포된 그녀는 1792년 파리 혁명 재판소에서 반역죄로 사형을 선고 받았다. 그때 숨겨놓은 보석들을 말하면서 선처를 호소했지만 아무런 소용이 없었다.

1793년 12월 8일, 마담 뒤 바리는 혁명 광장(지금의 콩코드 광장)에서 단두대에 의해 참수되었다. 단두대로 가는 도중, 그녀는 호송 마차 안에서 쓰러져 "왜 나에게 상처를 주려고 하는가?"라고 외쳤다. 그것은 겁에 질린 그녀가 자비를 구하기 위하여 군중에게 외친 말이었다. "잠깐만요. 집행관님, 부탁드립니다"라는 말을 남긴 그녀는 단두대에서 바로 세상을 떠났다.

공포 정치 시기, 혁명이 우선인지, 합리적 변화를 위한 일이었는지 명백한 구별조차 없이 조금이라도 잘못이 있었다는 구실이 붙여지면 사람들은 모두 바로 단두대에 올랐다. 그때 궁정의 모든 일에서 이미 물러났음에도 뒤 바리 부인에게 붙여졌던 또 다른 죄목은 바로 '부자'였다는 것이었다. 그녀는 루이 16세와 마리 앙투아네트를 포함하여 공포 정치 기간에 처형된 많은 사람과 함께 마들렌 묘지에 묻혔다.

그녀와 관련된 것들이 아직 우리 주변에 남아 있다. 일단 이름에서 비롯된 것으로, 뒤 바리라는 음식이 있다. 그것에는 크림 같은 흰색 소스가 얹혀 있고 콜리플라워가 많이 들어 있다. 콜리플라워는 꽃송이처럼 켜켜이 쌓인 듯한 곱슬 머리였던 그녀의 흰색 가발을 나타낸 것으로 보인다. 사치스러운 삶 때문이었는지 비누와 화장품 등에서도 그녀의 이름을 딴 브랜드가 있다. 또한 도스토옙스키가 쓴 〈백치(白癡)〉에서 레베데프(Lebedev)는 뒤 바리 부인의 삶과 처형에 대한 이야기를 전하며 그녀의 영혼을 비롯한 다른 영혼들을 위하여 기도한다.

미라보 백작

　유명한 시 '미라보 다리(Le Pont Mirabeau)'는 초현실주의 시인 아폴리네르(Guillaume Apollinaire, 1880~1918)가 한 여인과의 사랑을 잊지 못하면서 1921년 쓴 작품으로, 그가 사랑했던 여인은 화가 마리 로렝생(Marie Laurencin, 1885~1956)이었다고 한다.

　　미라보 다리 아래 센 강이 흐르고
　　우리의 사랑도 흘러간다.
　　그러나 괴로움에 이어서 오는 기쁨을
　　나는 또한 기억하고 있나니,
　　밤이여 오라 종이여 울려라,
　　세월은 흘러가는데, 나는 이곳에 머무르네.
　　손에 손을 잡고서 얼굴을 마주 보자.
　　우리의 팔 밑으로
　　미끄러운 물결의
　　영원한 눈길이 지나갈 때
　　밤이여 오라 종이여 울려라,
　　세월은 흘러가는데, 나는 이곳에 머무르네.
　　흐르는 강물처럼 사랑은 흘러간다.
　　사랑은 흘러간다.
　　삶이 느리듯이

미라보 다리(Le pont de Mirabeau), ⓒ Paris Historic Walks

희망이 강렬하듯이

밤이여 오라 종이여 울려라,

세월은 흘러가는데, 나는 이곳에 머무르네.

날이 가고 세월이 지나면

가버린 시간도

사랑도 돌아오지 않고

미라보 다리 아래 센 강만 흐른다.

밤이여 오라 종이여 울려라,

세월은 흘러가는데, 나는 이곳에 머무르네.

파리 센강의 여러 다리 중 꽤 인기 있는 장소인 미라보 다리는 프랑스 혁명 초창기 3부회의 리더였던 정치가이자 사상가 미라보 백작의 이름에서 비롯되었다. 파리 16구역의 상트-페린 병원(Sainte-Perine Hospital)이 있는 곳에서 샤르동-라가쉬 가(rue Chardon-Lagache)와 미라보 거리가 만나 이어지는데 그 끝에서 센강을 가로질러 연장된 다리가 나중에 세워지면서 미라보 다리로 명명된 것이다.

미라보 백작이 활약했던 프랑스 혁명의 직접적 원인 중 가장 큰 것은 국가의 재정 파탄이었다. 조세 제도의 결함, 징세 체제의 폐단, 과세의 불평등이 재정적 파탄의 요인이었고, 여기에 궁정의 심한 낭비와 전쟁, 특히 미국 독립 전쟁의 참전과 지원도 원인 중 하나였다. 루이 16세 때 공채(公債) 역시 파국적 비율로 늘어났다. 그에 대한 이자만 3억 리브르 정도였는데 이는 왕국 예산의 절반을 넘어서는 금액이었다. 아무리 번영하는 과정의 나라였다고 하지만 국가 재정은 파산 직전이었으며 특권 계급의 이기주의와 평등한 과세에 대한 그들의 강력한 거부 때문에 왕권은 이를 양보하지 않을 수 없었다. 1788년 8월 8일, 루이 16세는 결국 심각한 재정 위기를 해결하고자 삼부회(三部會, Etats généraux)를 소집하기에 이른다.

오노레 가브리엘 리케티(Honoré Gabriel Riqueti), 즉 미라보 백작(Count of Mirabeau, 1749~1791)은 미라보 후작(Marquis de Mirabeau)의 아들로 르 비뇽(Le Bignon)에서 태어났다. 그는 본래 자본주의적 사상을 가진 귀족이었으며, 젊은 시절 무분별한 결투와 복잡한 여자 관계, 방탕한 생활로 연이어 추문을 만들었다. 그렇지만 계몽주의 사상에 감화되면서 점차 관련 학자, 문필가로서 명성을 떨치기 시작했다. 미라보 백작은 프랑스 혁명 중 삼부회에 귀족 대표로 진출하려 했으나 그의 전력을 우려했던 귀족들의 반대로 뜻을 이루지 못하고 제3신분의 대표로 선출됐다. 해박한 논리에 의한 능란한 웅변으로 삼부회에서 지도적 인물로 활약하면서 영국식 입헌군주제 정착을 목표로 자유주의 귀족과 부르주아를 대표하는 위치로 떠올랐다. 또 1791년 국민의회 의장이 되어, 민권의 신장과 왕권의 존립을 조화시키려고 노력하면서 국민의 옹호자로 인정받았다. 하지만 내심 급격한 변화가 가져올 위험을 두려워하면서 제한적 군주제의 지지자로 변신했다.

당시 미라보는 입각(入閣)을 위하여 지속적으로 음모를 꾸몄다. 그는 대단한 웅변으로 의회에서 인정받았지만 사생활, 독직(瀆職) 사건으로 의회까지 추문에 말려들게 했다. 그래서 1789년 11월 7일, 의회는 그를 배제할 목적으로, "어떤 의원도 의회의 개원 중에는 입각할 수 없다"라고 결정하였다. 그 이후 그는 변절했다. 그리하여 국왕에 대한 은밀한 지지자가 됐으며 왕실로부터 돈을 받으면서 의회 내에서 왕권 옹호 활동을 했다.

이때 루이 16세는 미라보가 라 파예트와 같은 편이 되도록 주선하면서 1790년 5월, 두 사람은 국왕에게 강화권(講和權)과 전쟁 선포권을 부여하는 등 관련 권한을 증대시키고자 노력을 기울였다. 하지만 미라보는 라 파예트를 무척 싫어하여 결국 두 사람의 정책은 성공할 수 없었다.

미라보는 42세 되던 1791년 4월, 갑자기 사망할 때까지 왕실과의 비밀 거래 사실, 즉 국왕에 대한 협조 활동이 외부로 누설되지 않아 그의 유해는 영예스러운 장소인 판테온에 안치될 수 있었다. 그러나 1793년 11월, 루이 16세의 '철제 장롱'에서 나온 비밀 문서가 공개되면서 결국 미라보의 유해는 판테온에서 퇴거 조치되었다.

조셉 보즈

조셉 보즈(Joseph Boze, 1746~1826)는 프랑스 혁명기 전후의 초상화가였다. 보즈는 1746년 마르티그(Martigues)에서 선원의 아들로 태어났으며, 1778년 파리로 이사하기 전 마르세유, 님 및 몽펠리에에서 그림을 배웠다. 그 후 파리에서 루이 16세 국왕의 궁정에서 초상화 화가가 되었는데 마리 앙투아네트의 측근으로 신임을 받던 베르몽(Vermond) 수도 원장이 소개한 것 같다. 또한 그는 컹탕 들라 투르(Quentin de la Tour)로부터 영향을 받은 것

조셉 보즈

으로 여겨진다. 1791년 파리 살롱에 처음으로 작품을 출품했으나 부정적인 평가를 받았다. 한편 프랑스 혁명이 일어났을 때 그는 자코뱅당에 가입하여 활약하면서 로베스피에르

미라보의 초상(Portrait of Honoré-Gabriel Riqueti, Marquis de Mirabeau), Joseph Boze, 1789, 64.4×53.5cm, Palace of Versailles, Versailles

(Robespierre), 마라(Marat), 데물랑(Desmoulins) 등을 포함한 수많은 혁명 지도자를 비롯하여 라 파예트(La Fayette) 및 베르티에(Berthier)와 같은 프랑스 장군의 초상화를 그렸다. 입헌군주제 치하에서 그는 루이 16세에게 충성을 유지했으며 1792년에는 국왕과 지롱드파 사이의 중개자 역할을 했다. 공포 정치 기간에는 반혁명가로 체포되었지만 1794년에 석방되었다. 그는 1799년에 동료 화가 엘리자베스 루이스 비지 르 브렁(Élisabeth Louise Vigée Le Brun)의 이름을 망명자 명단에서 삭제해달라는 청원서에 서명하기도 했었다.

1805년과 1811년 사이 파리 소르본 지역에 살았던 것으로 확인되었지만 이후의 집정 정부 기간과 나폴레옹 제국기의 그의 생애에 대해서는 알려진 바가 거의 없다. 1817년에 그는 부르봉 왕가 복원으로 루이 18세로부터 연금을 받았으며, 1826년 1월 파리에서 사망했다.

라 파예트 후작

유럽 최대의 백화점 및 양판점 체인이 바로 파리의 라 파예트이다.

1895년 처음 문을 열었을 때는 커다란 의류 도매상이었으며, 그때의 장소가 라 파예트거리 구석이었는데 점차 규모를 키워 새롭게 건물을 지으면서 라 파예트 1가 전체를 차지하게 되었다. 1905년에 현재의 유이스망거리(42 boulevard Haussmann)와 쇼세 당탕가(15 rue de la Chaussée d'Antin)에 자리 잡았다. 역사적으로 오래된 파리의 명소이면서 건립되던 때가 장식 미술의 최고였던 아르누보(Art Nouveau) 시기였던 까닭에 지금도 계단과 철제 돔, 창문 등에서 관련 모습을 볼 수 있다.

라 파예트 백화점은 프랑스 혁명기에 크게 활약했던 한 정치가의 이름을 따왔는데 그가 바로 라 파예트 후작 마리-요세프-폴-이브-로크-질베르 뒤모티에(Marquis de La Fayette, Marie-Joseph-Paul-Yves-Roch-Gilbert du Motier, 1757~1834)이다. 라 파예트 후작의 생애에는 두 가지 커다란 사건이 있었는데 미국 독립 전쟁 참전과 프랑스 혁명이다. 당시 프랑스의 영원한 라이벌 국가였던 영국을 상대로 싸우는 미국의 독립을 지원하기 위하여 그는 프랑스 군대를 이끌고 참전했다. 또 프랑스 혁명기를 비롯하여 1830년에 있었던 7월 혁명에도 중요한 인물이었다.

프랑스 중부 오베른(Auvergne) 지역의 샤비냑(Chavaniac)에서 부유한 후작이자 육군 대령의 아들로 태어난 그는 13세 때부터 집안의 전통에 따라 프랑스군 장교의 직위를 이어받았다. 그의 집안은 중부 프랑스에서 가장 오래된, 유서 깊은 귀족 가문 중 하나였다. 귀족과 군 고위직의 아들

라 파예트 백화점(위키피디아 사진)

이라는 의무감과 애국심으로 신세계를 여행했던 그는 미국 독립 혁명 소식을 듣고 그들을 도와야 한다는 소망을 키웠다. 19세에 이미 소장으로 진급한 그는 군대를 이끌 정도는 아니었지만 홀로 미국으로 달려가 로드 아일랜드 전투에서 부상을 입었다. 그 후 고국으로 돌아와 미국에 대한 지원을 호소하였다. 자신이 준비한 자금과 주변으로부터 받은 지원을 기반으로 만들어진 군대를 이끌고 다시 미국으로 간 그는 요크타운 공성전 등에서 싸우면서 미국 독립 전쟁에 크게 기여했다. 그리하여 그는 '신세계의 영웅'으로 불리며 조지 워싱턴 다음 가는 인기를 누렸다.

1786년 루이 16세는 국가 재정 문제로 인해 귀족 회의를 소집했고, 같은 해 12월, 국왕은 회의 선임자로 라 파예트를 임명하였다. 의회에서 최초로 행한 연설에서 라 파예트는 불필요한 국가 부동산 및 쓸모없는 예산을 처분하여 지출을 최소화하자고 제안하였고 이는 라 파예트 자신에 의하여 승인되었다. 그는 사회의 모든 계급을 대표하는 '진정한 국가 회의'를 주장하였는데 이들은 바로 성직자, 귀족, 평민을 말하는 것이었다. 1788년 8월 8일, 국왕은 이듬해에 이들을 기준으로 한 삼부회를 여는 것을 승인하고, 라 파예트는 리옹의 귀족 계급 대표로 선출되었다.

1789년 5월 5일, 최초의 삼부회가 소집되었다. 회의 시작부터 투표를 머릿수에 따라 할 것인지 아니면 재산 보유량에 따라 할 것인지에 대해 논쟁이 시작되었다. 만약 재산 보유량에 따라 투표하게 된다면 당연히 귀족과 성직자가 평민보다 우위에 있지만 머릿수에 따라 투표를 한다면 평민이 압도하게 된다. 라 파예트는 회의 시작 전에 재산 보유량이 아니라 머릿수에 따른 투표를 주장하였다. 그렇게 논쟁이 흘러가자 평민 신분은 따로 회의를 열 것을 요청하였고, 많은 성직자 대표와 몇몇 귀족 대표가 이를 따랐다. 17일, 그들은 이를 '국가 회의'라고 지칭했다. 사흘 뒤, 회의장으로 통하는 문이 잠기자, 그들은 테니스 코트로 이동하여 정식 헌법이 제정되기 전까지는 절대 흩어지지 않겠노라고 맹세했다. 이를 '테니스 코트 서약'이라 한다.

라 파예트 및 46명은 국가 회의에 참석했으며, 6월 27일 다수의 사람이 그들을 따랐다. 1789년 7월 11일, 라 파예트는 '프랑스 시민권 및 인권 선언서'의 초안을 작성했다. 다음날, 프랑스 재정국장 자크 네케르(Jacques Necker)가 해고되었고, 이때 법률가 카미유 데물랭(Camille Desmoulins)이 파리 시민을 무장시켰다. 그러자 국왕은 왕실 근위대로 파리를 에워싸게 했으나 7월 13일, 바스티유 감옥이 점령당했다.

의회는 라 파예트를 부의장으로 선출했다. 라 파예트는 자연권 철학에 따라 노예 제도 철폐를 주장했다. 바스티유 감옥 공격 사건 이후 1790년의 파리 '연맹제(Federation)'에서 프랑스 방위군 총사령관으로 임명되었을 때 그의 인기는 절정에 다다랐다. 그는 혁명 기간에 중도를 선택하려고 했다. 그러나 같은 해 8월에 일어난 '낭시 사건'으로 병사들을 탄압하면서 지지와 인기를 잃기 시작했다.

결국 그는 다음 해 7월의 '샹드마르스 발포 사건'으로 파리 민중의 증오의 대상이 되고 말았다. 1792년 8월 급진파가 그를 체포하고자 습격하자 그는 오스트리아로 도피했고, 이때 오스트리아군에게 붙잡혀 5년 이상을 그곳 감옥에서 보내야 했다. 라 파예트는 1797년 나폴레옹 보나파르트에 의하여 풀려나 프랑스로 돌아왔지만 나폴레옹 정부에 참여하지는 않았다.

1830년 7월 혁명이 일어났을 때 자신을 최고 권력자로 추대하려는 움직임에 반대했으며, 대신 그는 루이 필립을 왕으로 지지했다. 하지만 자신이 옹립한 군주가 독재를 펴나가자 등을 돌리고 말았다. 1834년 5월 20일에 사망한 그는 미국 보스턴 근처의 언덕으로, 독립 전쟁 때의 전투 장소였던 벙커 힐의 흙과 함께 파리의 한 공동묘지에 묻혔다. 그는 프랑스와 미국을 위한 업적으로 '두 세계의 영웅'으로 불리기도 한다.

토마스 프리차드 로시터

토마스 프리처드 로시터(Thomas Prichard Rossiter, 1818~1871)는 미국 코네티컷 뉴헤이븐 출신으로 미국의 역사 및 이와 관련된 초상화를 그렸다. 그는 나중에 허드슨강파의 일원이었던 화가였다. 1838년, 그는 자신의 두 작품을 국가디자인전시회에 선보인 뒤 뉴욕으로 진출하여 스튜디오를 열었고 1840년에는 유럽으로 갔다. 로마에서 머물던 그는 6년 후 뉴욕으로 돌아와 동료 화가 존 켄셋(John Kensett), 루이 랭(Louis Lang)과 작업실을 공유했다.

토마스 프리차드 로시터

1784년 마운트 베논의 라 파예트와 워싱턴(La Fayette and Washington at Mount Vernon, 1784), Thomas Prichard Rossiter and Louis Rémy Mignot, 1859, 221×372.1cm, Metropolitan Museum of Art, New York, NY

1849년 국가학림원 회원이 되었고 1851년 애너 에릭 팸리(Anna Ehrick Parmly)와 결혼한 후 1853년 유럽으로 갔다. 로시터는 1853년까지 머무르며 작업하면서 1855년 유니버설 엑스포에서 금메달을 수상했다. 하지만 부인이 쌍둥이 자녀에 이어 딸을 낳은 얼마 후 세상을 뜨는 바람에 그는 아이들과 함께 뉴욕으로 돌아왔다. 거기서 화랑을 열면서 자신과 친구들의 작품을 전시했다.

1857년, 그는 미국 초대 대통령 워싱턴과 프랑스의 라 파예트가 베논산(Mount Vernon)에서 함께 있는 장면과 미국의 역사를 주제로 한 대형 작품들을 그리기 시작했다. 이를 위하여 그는 이듬해 베논산을 탐사했고 조지 워싱턴의 삶과 기록을 찾아봤는데 베논산 유적이 황폐화된 슬픈 사실, 가옥과 내부 가구 등의 회복에 관한 글을 발표했다.

1860년 그는 메리 스털링(Mary Sterling)과 재혼하면서 뉴욕 허드슨강변의 콜드 스프링으로 이사했다. 그는 이주하면서 강을 바라보는 경관에 어울리게 집을 대대적으로 디자인했는데 그곳은 지금 국가 역사 유적으로 지정되어 있다. 그는 그곳에서 초상화, 역사 및 종교적 주제로 그림을 그리면서 죽기 직전까지 국가전시회, 펜실베니아미술학교 등에서 작품을 전시했다.

루이 레미 미뇨

루이 레미 미뇨(Louis Rémy Mignot, 1831~1870)는 허드슨강파(Hudson River School)에 속했던 풍경화가로, 그의 조상은 프랑스에서 건너온 위그노였다. 그가 그렸던 풍경은 미국 남부 혹은 유럽에서 보냈던 결과물로, 숲과 나무를 비롯한 대기의 효과에 매우 독특한 스타일을 나타냈다.

미뇨의 부모는 1815년 프랑스의 부르봉 왕정 복고 이후 미국으로 왔지만 미뇨는 1848년경부터

루이 레미 미뇨

유럽의 미술에 대한 관심을 갖기 시작하면서 대부분의 삶을 미국 밖에서 보냈다. 1850년부터 그는 네덜란드 헤이그에 있는 안드레아스 셸파우트(Andreas Schelfhout)의 스튜디오에서 4년 동안 작업하면서 유럽을 돌아보았다. 뉴욕으로 돌아온 그는 1857년 화가 프레데릭 에드윈 처치(Frederic Edwin Church)와 함께 에콰도르로 스케치 여행을 갔고 덕분에 그의 후속 작품의 대부분을 차지하는 열대 지방 장면을 그리기 위한 자료들을 수집할 수 있었다. 1858년 뉴욕 맨하튼 10번가의 빌딩에 스튜디오를 만들었고 1853년 회원이 되었던 국가전시회에 전시를 시작했으며 이어 협회 위원이 되었다. 아울러 그는 토마스 로시터의 대형 역사화 작업 중 베논산 풍경 부분에 참여하며 함께 작업했다.

남북전쟁이 발발하자 그는 자신의 그림을 팔아 모은 돈으로 1862년 6월 영국으로 건너가 런던에 자리 잡았다. 1863년에서 1871년 사이에는 왕립미술원에서 전시회를 열어 사람들의 열렬한 환영을 받았다. 또한 그의 작품은 1870년 파리 살롱에서도 전시되었는데 그때 프프전쟁(보불전쟁)이 일어나 프랑스를 탈출하였다. 런던으로 돌아온 직후 미뇨는 천연두에 걸려 사망했다.

1996년 노스캐롤라이나미술관에서는 그곳의 한 큐레이터(John W. Coffey)가 5년 동안 노력하여 찾아낸 미뇨의 작품 전시회가 열렸는데 전시를 알리는 문구는 '루이 레미 미뇨: 해외로 간 남부 화가(Louis Remy Mignot: A Southern Painter Abroad)'였다. 그의 전시는 국가 전시가 되면서 이듬해까지 미국 순회전으로 개최되었다. 그렇게 미뇨의 작품에 대한 재평가로 이어졌고, 당시 미국 회화를 전문으로 하는 한 학자는 그를 19세기 미국 화가 중 판테온에 있어야 할 작가라며 높이 평가했다.

조셉-데시레 코르

조셉-데시레 코르(Joseph-Désiré Court, 1797~1865)는 파리 출신의 프랑스 역사화, 초상화가였다. 초상화가 이아상트 리고(Hyacinthe Rigaud)의 후손이라서 그랬는지 그는 일찍부터 미술에 관심을 보였다. 그는 아버지가 설립한 마르크-앙투안 데캉프(Marc-Antoine Descamps)에서 첫 번째 수업을 받았고, 그곳에서 기초를 닦은 그는 파리로 가서 안투안-장 그로(Antoine-Jean Gros)

중장(中將) 라 파예트 후작(The Marquis de La Fayette as a Lieutenant General), Joseph-Désiré Court, 1834, 135× 100cm, Palace of Versailles, Versailles

의 스튜디오에서 배웠다.

일찍부터 로마에 가고자 가족이 보내주는 용돈까지 아껴 저축했지만, 그마저 부족하여 소품들을 그려 지속적으로 판매했다. 그랬음에도 충분한 돈을 모을 수 없었던 그는 1821년 국가에서 시행하는 로마상(Prix de Rome) 공모전에 출품하여 '삼손과 데릴라(Samson & Delilah)'를 그린 그림으로 상을 받았다. 상금으로 마련한 비용으로 그는 로마에 갈 수 있었지만 그곳에 머무는 동안에도 전시를 위해 계속해서 파리로 작품을 보냈다. 그중 '카이사르의 죽

프랑스 시민권 및 인권 선언서

음(The Death of Caesar)'이 1827년 뤽상부르미술관에 소장되었다.

1828년 루앙미술원에서는 그를 협력 회원으로 지명하면서 새로운 회의실에 걸 소형 걸개 그림을 의뢰했다. 그런데 코르는 극작가 코르네유(Corneille)를 묘사한 기념비적 대작을 구성하였다. 이는 코르네유의 비극 '시나(Cinna)'의 초연 이후 귀족들의 찬사를 받는 장면이었다. 그리하여 미술원 관계자들이 감사의 뜻으로 그에게 금메달을 수여했다.

7월 혁명 이후, 국왕 루이 필립 정부는 하원의 새 방을 장식할 그림이 필요했는데 주제를 놓고 논란을 벌인 끝에 공공 응모를 받기로 하였다. 이때 미라보 백작에 관한 코르의 스케치(Mirabeau facing Dreux-Brézé at the Estates General of 1789)는 2위를 차지했다. 그는 작품을 계속 그려 1833년 살롱에 전시했는데 이는 루앙미술관(Musée des Beaux-Arts de Rouen)에서 볼 수 있다. 이후 그는 초상화 제작에 전념했다.

그는 오랫동안 고향으로 돌아가고 싶어했기 때문에 1853년 루앙미술관의 책임관리자 직을 수락하면서 즉시 그곳의 실내 개조 작업에 착수했다. 하지만 정체불명의 만성 질환을 앓던 그는 파리에서 세상을 떠났고 그의 유해는 고향으로 옮겨져 루앙의 묘지에 안장되었다.

로베스피에르

　로베스피에르를 그린 초상화는 그리 많지 않다. 아무리 찾아봐도 이 그림에 나타난 모습이 거의 유일하며, 이를 토대로 희화(戱畵)화 되거나 무섭고 잔인하게 고쳐 그린 것들만 있을 뿐이다. 물론 프랑스 혁명기를 그린 기록화에서는 그의 모습을 볼 수 있다. 여기 실린 초상화를 보면, 그토록 많은 논란의 주인공임에도 얼굴은 그냥 머리 좋고 소극적이며, 내성적인 사람 중 하나로 보인다. 그는 프랑스 혁명기 공포 정치를 단행했으며 결국 자신조차 전가(傳家)의 보도(寶刀)처럼 휘두르던 단두대에 의하여 형장의 이슬로 사라져버렸다.

　막시밀리앙 드 로베스피에르(Maximilien François Marie Isidore de Robespierre, 1758~1794)는 변호사이자 정치가, 프랑스 혁명 시기 자코뱅파의 주요 지도자 중 한 명이었다. 현대 프랑스 공화국이 국가의 이념으로 내세우고 있는 자유, 평등, 박애(Liberté, Égalité, Fraternité)라는 말을 만든 사람도 그였다.

　프랑스 혁명을 주도한 부르주아 중에서도 급진파에 해당하는 인물로, 구시대(Ancien Régime)의 모든 유산을 신속하고 완벽하게 청산하려는 개혁을 추진했다. 혁명을 반대하는 반동 세력에 대한 탄압뿐만 아니라 혁명 세력 중에서도 저의가 의심되는 인물에 대해서는 예외 없이 무자비한 숙청을 가하여 반드시 단두대로 이끌었던 단두대 마니아(?)로, 거의 세계 최초의 공포 정치 집행자라 할 수 있다. 그리하여 혁명의 양면성, 아이러니까지 만든 인물로 지금까지 세계 정치사에 언급이 되고 있다.

　그가 그토록 집착했던 '급진적 개혁'은 적지 않은 성과를 거두었지만,

로베스피에르(Robespierre), 무명 작가, c. 1790, 60×49cm, Musée Carnavalet. Paris

자신도 단두대에서 죽었다. 결국 혁명은 나폴레옹의 등장과 함께 종식을 고했기 때문에, 그리고 그 나폴레옹도 사라진 후 왕정 복고가 이루어졌던 사실로 보아, 군이 그렇게 무리수를 두면서까지 개혁을 단행했을 필요가 있을까를 다시 생각하게 만드는 인물이다.

프랑스 혁명기 상퀼로트(Sans-culottes)는 주로 귀족들이 승마할 때 착용하던 짧은 비지 또는 치마 바지였던 '퀼로트(culottes)를 입지 않은 사람'이라는 뜻으로, 프랑스 혁명을 밀어붙인 사회 계층을 일컫는 말이다. 주로 수공업자, 장인, 소상인, 근로자 등 무산 시민으로, 당시 파리에서는 빈곤층에 속했는데 급진적인 혁명을 추구한 민중을 지칭하는 말로 사용되기도 한다. 그들은 경제 불황에 의한 빵 가격 상승 등으로 심각한 생활고에 시달리고 있었음에도, 정치 참여 같은 것은 꿈도 꾸지 못하던 사람들이었다. 그러다 보니 프랑스 혁명은 그들로부터 열렬한 지지를 받았다. 1789년 7월 14일의 바스티유 감옥 습격 사건, 1792년 9월 학살 등 참혹한 혁명 사건은 거의 그들이 주동했던 일이었다.

그들은 혁명 중 불안 요소로 대두되면서 부르주아 주도의 의회까지 교란시켰다. 입법의회에서도 그런 성향은 달라지지 않았으며 이후 무장 민병대가 된 그들은 종종 시위와 폭동을 일으키면서 의회에 생활 개선에 대한 압력을 넣어 혁명을 급진적으로 유도했다. 따라서 각 당파에서는 상퀼로트에 협조하지 않을 수 없는 상황이 만들어졌는데, 그런 와중에 혁명이 극단적인 평등주의와 부의 재분배 같은 사회주의적 정책을 도입하려고 했던 것은 그들에게 거의 충격이었다.

공포 정치(1793~1794)는 상퀼로트의 열성적인 요청으로 시작된 것이지만 결국 자코뱅파의 정파 싸움으로 치닫게 되었고, 특히 상퀼로트의 직접적 행동주의의 대표 주자였고 강경파였던 에베르(Hébertists)파의 처형 이후 선동자를 잃고 그 위세가 점점 약화되었다. 한편 자코뱅파는 자유와 평등의 벗, 자코뱅회(Société des Jacobins, amis de la liberté et de l'égalité)로 프랑스 혁명 시기에 생긴 정파 중 하나이다. 자코뱅이라는 이름은 파리 자코뱅 수도원을 본거지로 한 데서 유래되었다. 시기에 따라 다르지만, 로베스피에르가 중심이 되어 급진적인 혁명을 추진하던 때 가장 유명했다. 공포 정치 시기 최고의 힘을 발휘하던 상퀼로트는 테르미도르의 반동을 계기로 단번에 퇴색했고, 혁명 주도 세력으로서의 힘을 완전히 잃었다. 이어 혁명의 주체는 부르주아에게로 돌아왔다.

제헌의회와 자코뱅 클럽의 회원으로서 로베스피에르는 보통 선거권과 성직자의 금욕, 노예제의 폐지를 위해 적극적으로 활약하기 시작했다. 1791년 그는 '대중을 위한 고발자'로 선출되어 정치적 발언권이 없는 남성 시민, 주 방위군 등이 공직에 무제한으로 진출할 수 있는 권리, 탄원할 권리와 무기를 소지할 권리를 얻을 수 있도록 적극적인 옹호자가 되었다. 그리하여 1792년 8월 10일 프랑스 왕정의 몰락과 함께 국민 의회 소집을 불러온 일련의 선동 공작에서 중요한 역할을 했다. 그의 목표는 오직 '하나의 프랑스'로, 그것은 법 앞의 평등과 함께 특권을 폐지하고 직접 민주주의 원칙을 수호하는 것이었다.

당시 파리 코뮌의 주요 구성원 중 한 사람이었던 로베스피에르는 1792년 9월 초에 프랑스 공의회 대의원으로 선출되었으나 곧 삼두정치 또는 독재 정권을 수립하려 한다는 비판을 받았다. 1793년 4월, 그는 혁명 법률을 시행하고 반혁명 공모자를 소탕하기 위해 상퀼로트 군대를 창설할 것을 촉구하면서 1793년 5월 31일부터 6월 2일까지 무장 봉기를 일으켰다. 하지만 건강 문제로 물러섰던 그는 7월에 다시 막강한 사회공공안전위원회의 위원으로 임명되었고 혁명 재판소를 재조직했다.

이어 10월에 그는 공의회를 폐쇄하자고 제안했지만, 공공안전위원회는 혁명 정부, 공공안전위원회와 일반안전위원회를 겸하며 직무를 수행한다고 선언했다. 그리하여 자신들의 주장과 파벌을 뜻하는 모데랑티즘(Moderantism or faction)을 적극적으로 따르지 않은 사람들은 그들의 적이 되었다. 그는 온건 공화주의자들인 지롱드파를 우파로, 급진적 에베르파를 좌파로, 관대한 편이었던 당통주의자를 직접 중앙에서 제압하기 위해 영향력을 행사했다.

로베스피에르는 1794년 봄, 여름에 542명에 달하는 인사를 직접 체포하게끔 한 공공안전위원회의 최고 위원으로서 점차 대중에 두려운 존재로 변해갔다. 이때 그는 추호의 관용조차 베풀지 않았다. 혁명 초기 '대공황 시기'가 절정에 달했을 때 발효된 법률로 피고인에게는 최소한의 변명만 허용하는 등 재판소의 권한을 크게 강화하여 결국 사형 집행 건수가 엄청나게 증가하는 결과를 만들고 말았다. 이렇게 정치적으로 의도된 처참한 유혈 사태가 이어지자 로베스피에르와 같은 목적을 갖고 혁명에 동조하던 적지 않은 사람이 점차 환멸을 느끼기 시작했다.

로베스피에르 자신이 창시한 듯이 열성적으로 밀고 간, 이른바 '최고 재판소에 대한 이신론적 숭배'는 반종교 그룹은 물론 기존의 정치 세력 양쪽 모두에게 충격에 가까운 놀라움을 안겨주었다. 로베스피에르는 자신이 굳게 믿고 추진한 이상적인 공화국에 집착함은 물론 이를 설치하는 데 드는 인적, 물적 비용을 무시하여 결국 공의회의 구성원과 프랑스 대중은 그에게서 등을 돌렸다.

결국 그가 만들었던 '공포 정치, 공포 시대'는 그와 그의 동맹자들이 테르미도르(Thermidor, 혁명 때 제정된 프랑스 달력 중 열한 번째 달) 9일에 파리 시청에서 체포되면서 끝났다. 그를 포함하여 약 90명이 테르미도르 반동 이후 며칠 사이에 모두 단두대에서 처형되었다.

생쥐스트

빵은 인민의 권리이다.

자유는 먹고 살 걱정이 없는 사람들이나 누리는 것이다.

혁명의 반대파뿐만 아니라 중립을 지키는 자들도 처벌해야 한다.

자유의 적에게 줄 자유는 없다.

위 글들은 프랑스 혁명이 이어질 때 생쥐스트가 한 말들이다. 홍안(紅顔)의 미소년(美少年)으로, 극단적인 방법론을 실천에 옮기면서 혁명 중 커다란 인기를 누린 그는 불과 27세의 나이에 단두대에서 생을 마감하고 말았다.

프랑스 혁명의 지도자 중에서 생쥐스트(Louis-Antoine de Saint-Just, 1767~1794)만큼 신화와 같은 평가를 받고 있는 사람은 없다. 지극히 짧은 정치 경력이지만 18세기의 가장 급진적인 순간이었다고 할 수 있던 시기, 소위 자코뱅 공화국(1793~1794) 2년은 그에 의하여 급진적 파국으로 치달았다.

자코뱅은 민주주의, 자유, 평등이 실현되어 더 나은 세상을 만들기 위해 노력했지만 이를 달성하기 위해 그들만의 공권력이 강압을 만들었고 폭력의 무차별 사용으로 결국 공포 정치가 되고 말았다. 그랬던 그들의 정치 실험은 생쥐스트가 로베스피에르와 함께 테르미도르 시기 단두대에서 처형되면서 종말을 고했다.

그때 생쥐스트는 로베스피에르보다 혁명 자체의 당위성을 더 강하게

생쥐스트(Louis Antoine de Saint-Just), Pierre-Paul Prud'hon, 1793, Museum of Fine Arts of Lyon, Lyon

주장하며 모든 적폐 청산을 강하게 밀어붙였다. 극단적 패기와 이상주의로 가득 차 있었지만, 혁명은 결국 테러로 이어졌고 무리하게 이상의 실현을 꾀하느라 자신을 포함한 수많은 인명을 희생시키고 말았다.

빅토르 위고(Victor Hugo)의 소설 '레미제라블(Les Mis rables)' 중 바리케이드 장면에서 한 어린 학생에게 "생쥐스트들이 너무 많아"라고 묘사했을 때 그게 무슨 뜻인지 사람들은 매우 잘 알고 있을 정도였다. 그런 까닭에 아직 많은 이가 생쥐스트에 대하여 극단적인 견해를 갖고 있는데, 일반적으로 프랑스 혁명에 대하여 프랑스인보다 더 객관적인 영미 역사가들 사이에서도 그는 여전히 논란의 여지가 있는 인물이다.

사람들은 흔히 프랑스 혁명기의 냉혹한 혁명가로 로베스피에르만 알지, 더 무섭고 더 잔인한 인물이 그 뒤에 있었다는 것은 잘 모른다. 그는 20대 초반이라는 어린 나이에 루이 16세 처형의 법적 근거를 마련했고, 로베스피에르와 행동하다가 함께 권력에서 밀려났다. 젊음과 천재적 정치 선동에 대한 보편적 동경심과 사상 유례없는 공포 정치의 잔인함이 더해져 그는 전설적 미소년이 되었다. 처형장으로 들어설 때까지 냉정과 오만함으로 민중을 압도했다는 말까지 남아 있다.

생쥐스트는 24세에 〈프랑스의 헌법 정신과 혁명 정신〉이라는 책을 썼고, 이어 법정 연령이 되기를 1년 기다려 국민의회 의원이 되어 그해 10월 의회 연단에서 행한 연설이 그 유명한 루이 16세 고소장이었다.

"누구도 무죄로 군림할 수 없다"라는 마지막 문장이 남아 있고, '군림한다'가 유죄라는 것, 그러니까 왕의 자리 자체가 유죄라는, 정말 대단한 선동이자 발언이 사람들을 소름끼치도록 만들었다. 그 정도로 무서웠던 발언은 자코뱅의 공식 입장이 되어 결국 석 달 뒤(1793년 1월 21일) 왕은 단두대에서 바로 처형되었다.

루소의 열렬한 숭배자였던 생쥐스트는 왕의 처형 근거를 '사회계약론'

을 근거로 삼았다. 그에 따르면, 법이란 사회 계약의 결과다. 법은 사회 계약에 동의한 사람에게만 적용될 수 있다는 것이다. 그는 "전제 군주에 대항하는 인간의 권리는 개인적인 권리다"라는 말로 왕에 대한 적대 관계를 강조했다. 그런 논리에 따라 굳이 국민적 동의가 없더라도 아무나 루이 16세를 죽일 수 있다는 식으로 국면을 몰고 갔다.

왕의 처형 후 공포 정치는 극에 달하면서 밀고(密告), 투서(投書)가 이어졌고, 단두대는 공포 정치의 실천의 장이 되어 피가 낭자했다. 그 와중에 아무런 의사조차 표시하지 않은 사람들까지 협조적이지 않았다는 이유로 처형되었다. 결국 단두대는 물론 총살용 실탄까지 모자라 구멍 뚫은 배에 사람들을 실어 강물에 띄우는 잠수(潛水)형까지 실행되었다. 국민 모두 몸을 떨었고, 로베스피에르가 의회 승인 없이 의원을 기소할 권리를 요구한 후부터 의원들까지 불안을 느꼈다.

마침내 반대파 의원들이 테르미도르 8일, 로베스피에르와 생쥐스트의 체포 동의안을 밀어부쳤다. 그렇게 즉각 체포된 두 사람은 바로 다음 날 단두대에서 처형되었다. 이렇게 소위 '테르미도르 반동'으로 불리는 사건이 일어난 날에 2년 동안 이어졌던 아마도 역사상 최악의, 그 유례를 찾아볼 수 없던 공포 정치가 그렇게 막을 내렸다.

피에르-폴 푸르동

피에르-폴 프루동(Pierre-Paul Prud'hon,
1758~1823)은 프랑스 낭만주의 화가이자 '마담
조르쥬 안토니와 그녀의 두 아들 그림(Madame
Georges Anthony and Her Two Sons, 1796)'과 같
은 은유 가득한 초상화로 유명했다. 아울러 그
는 낭만주의를 대표하는 화가 제리코(Théodore
Géricault)에게 영향을 주었다.

프루동은 클루니(Cluny)의 소네루아(Saône-et-
Loire)에서 태어나 정규 교육을 받은 후 미술 수

피에르-폴 푸르동

업을 위하여 26세 때 이탈리아로 갔다. 파리로 돌아온 그는 개인 주택의 장식을 담당하는 일
자리를 얻으면서 부유한 파리 사람들을 위하여 시작했던 일이 나폴레옹 궁정에서의 작업으
로 이어졌다.

그는 나폴레옹의 황후 조세핀(Josephine)의 초상을 그렸는데 황후가 아니라 사랑스럽고 매력
적인 여성으로 묘사했기 때문에 보는 사람들은 그가 조세핀과 사랑에 빠졌던 것으로 생각
했다. 아무튼 나폴레옹과 조세핀이 이혼한 후, 그는 나폴레옹의 두 번째 부인인 마리 루이즈
(Marie-Louise)에게도 고용되었다.

시기적으로 그는 신고전주의와 낭만주의의 영향을 받았기 때문에 스탕달(Stendhal), 들라크루
아(Delacroix), 밀레(Millet), 보들레르(Baudelaire)를 포함한 여러 작가, 미술가들로부터 그가 매
력적으로 도입했던 키아로스쿠로(chiaroscuro)와 설득력 있는 사실주의로 인하여 높은 평가를
받았다. 그의 작품 중 메츠(Metz)에 있는 성 에티엔느 대성당을 위해 제작했던 '십자가에 못 박
힌 예수(Crucifixion 1822)'는 큰 찬사를 받았고, 지금 그 작품은 루브르미술관에 있다.

젊은 작가 시절 제리코는 푸르동의 걸작(Justice and Divine Vengeance Pursuing Crime) 등이 포함
된 매우 비극적 장면들을 모사했는데, 압도적인 어둠과 벌거벗은 시체의 구성 등이었기 때문
에 그 작품으로 인하여 제리코가 남겼던 걸작 '메두사의 뗏목(The Raft of the Medusa)'을 예견

할 수 있다.

장-조셉 베르츠

장-조셉 베르츠(Jean-Joseph Weerts, 1846~1927)는 파리에서 태어났지만, 벨기에 출신이었던 화가의 후손으로, 아카데미 스타일로 유명했다. 기계 관련 일을 하던 아버지로부터 소묘를 처음 배웠던 그는 1858년 루베미술학교(Académie des Beaux-arts de Roubaix)에 입학하여 본격적인 그림 수업을 받은 후 1867년 파리의 국립미술학교(École des Beaux-arts)로 옮겨 알렉산드르 카바넬(Alexandre Cabanel)로부터 배웠다.

그는 역사적, 종교적 주제의 초상화 등 거의 700점의 작품을 남겼는데 그 중 '바라의 죽음(The Death of Bara)'으로 1884년 레지옹 도뇌르(Légion d'honneur) 훈장을 받았다. 그는 또한 프랑스 전역의 여러 공공 건물을 장식했는데 그 중에는 소르본느의 오텔 드빌(Hôtel de Ville, Sorbonne) 및 오텔 데 모네(Hôtel des Monnaies)를 포함하여 제3 공화국을 위한 여러 공식 프로

테르미도르 2년 어느 날 밤 오텔 드빌에서 생쥐스트와 로베스피에르(Saint-Just and Robespierre at the Hôtel de Ville on the night of 9 to 10 Thermidor Year II). Jean-Joseph Weerts, 1897, 80×1,002cm, La Piscine Museum, Roubaix

젝트 등이 포함되었다. 그는 또한 리모주(Limoges) 시청과 리옹(Lyon)의 의과대학 건물을 위해서도 작업했다.

베르츠는 파리에서 유명한 장소가 된 페레-라셰스(Père-Lachaise) 묘지에 묻혔고 루베(Roubaix) 거리는 그의 이름을 따서 명명되었다. 루베 근처 바르비유(Barbieux) 공원에서는 조각가 알렉산드르 데캬투아(Alexandre Descatoire)가 만든, 베르츠를 기리는 기념비를 볼 수 있다.

암살로 세상을 떠나는 장-폴 마라와 그의 살해범

장-폴 마라(Jean-Paul Marat, 1743~1793) 역시 프랑스 혁명 지도자들 가운데 과격파를 대표했던 인물로, 자코뱅파에서도 극단적인 성향의 인물이었다. 반면에 당통(Georges Jacques Danton)은 온건파였고, 냉혈한으로 알려졌던 로베스피에르 역시 귀족들의 무자비한 숙청만은 피하려고 했다. 그리하여 실제로 공포 정치가 막을 올린 시점은 바로 마라의 암살 이후였고, 오늘날에도 마라에 대한 평가는 '무자비한 사형 집행인' 또는 '혁명 최전선의 투사'로 극단적으로 갈리고 있다. 그는 미모의 여성에게 암살당하는데, 그의 어처구니없는 비명횡사에 가장 충격을 받은 사람 중 하나는 바로 당대를 대표하던 고전파 화가 자크-루이 다비드였다. 다비드는 마라와 정치적 견해가 같던 동반자이자 매우 가까웠던 친구 사이였기 때문이다.

장-폴 마라는 스위스 출신 아버지에게서 태어나 프랑스와 영국에서 의학을 공부했으며 일찍부터 '프리메이슨(Freemason)'에 가담했고, 파리로 온 뒤에는 아르투아 백작(Comtes d'Artois) 근위대의 군의관을 지냈다. 혁명이 발발하자마자 '인민의 벗(L'Ami du Peuple)'이란 신문을 창간하여 갈팡질팡하던 제헌의회의 태도에 신랄한 공격을 퍼붓다가 한때 투옥되기도 했으며, 1790년 초에는 두 차례 영국으로 피신한 적도 있다.

샹 드 마르스 발포 사건(Champ de Mars Massacre)과 국왕 탈주 사건 후에는 민중의 힘에 의한 독립적 권력을 주장하며 그들의 궐기를 호소하기도

장-폴 마라의 초상(Portrait of Jean-Paul Marat), Joseph Boze, 1793, 59.5×48.5cm, Musée Carnavalet, Paris

했다. 그뿐만 아니라 '9월의 학살'을 사전에 준비했다는 음모 때문에 왕당파의 증오를 한 몸에 받기에 이르렀다. 마라는 외모도 그리 호감을 주게 생기지 않았고 피부병까지 앓고 있었지만 파리 민중으로부터 엄청난 신뢰를 얻었고, 국민공회 의원으로 선출된 상태였다. 그랬던 그가 민중의 인기에 근거하여 폭력 봉기를 선동하자 같은 파벌의 급진파였던 산악파(La Montagne)조차 불안에 떨었다. 1793년, 상대편 군대의 압력이 심해지자 신문을 통하여 모든 애국자가 파리 코뮌을 지지하고 지롱드파에 대항하여 싸워야 한다고 호소했다. 이런 언동으로 인하여 지롱드파에게 체포되었으나 혁명재판소에 의하여 곧 석방된 후 같은 해 7월 13일 지롱드파 지지자인 코르데에게 자신의 욕실에서 암살당한다. 그의 유해는 혁명적 숭배의 대상이 되어 판테온에 안치되었으나 테르미도르 반동 이후 그곳에서 퇴거되었다. 한편 왕당파 작가 샤토브리앙(Chateaubriand)은 마라를 가리켜 '사거리의 칼리귤라(Caligula, 로마 폭군)'라고 칭했다.

마라를 살해한 샤를롯 코르데(Marie-Anne Charlotte de Corday d'Armont, 1768~1793)의 미모로 인하여 그녀에게는 '암살 천사'라는 별명이 붙었다. 당시 그녀의 모습과 행동에 반하여 사랑한 남성도 적지 않았다고 한다. 그녀는 가난한 귀족의 딸로 노르망디에서 태어났지만, 일찍 아버지에 이어 어머니를 여의고 13세 때 수녀원에 들어갔다. 독서를 좋아하여 장-자크 루소(Jean-Jacques Rousseau)를 읽는 등 조용한 여성이었으며 혁명 정부에 의해 수녀원이 폐쇄되자 고모와 살았다. 혁명을 과격하게 추진하는 자코뱅파를 점차 혐오하기 시작했고, 자코뱅파와 정쟁에서 패한 지롱드파를 지지하게 된다. 그리하여 칸(Caen)에 체류하는 동안 정치적 소용돌이 속에서 반대파로 몰려 파리에서 도주해온 지롱드파 의원들과 접촉한 후 마라의 암살을 함께 모의했다. 하지만 그녀는 암살과 동시에 체포된 후 지속적으로 단독 행위였음을 주장했다고 한다.

마라의 죽음(The Death of Marat), Jacques-Louis David, 1793, 162×128cm, Royal Museums of Fine Arts of Belgium, Brussels

코르데는 1793년 7월 9일, 고모 집에서 파리로 홀로 상경한 뒤 7월 13일, 인민과 대중을 위해 항상 문을 열어둔 마라를 찾아가 자코뱅을 반대하여 도망친 사람들이 있는 곳을 알려주겠다면서 직접 마라를 만나자고 했다. 이때 심한 피부병을 앓고 있던 마라는 욕조 안에 몸을 담근 상태에서 그녀를 접견하면서 정보를 듣고자 했는데, 코르데는 자신의 코르셋 속에 숨긴 칼로 마라의 심장을 찔러 즉사시켰다. 도망칠 생각이 없던 그녀는 현장에서 체포되었고 7월 17일, 혁명 재판에서 사형 판결을 받아 당일 단두대의 이슬로 사라졌다. 처형이 이루어질 때, 사형 집행인 샤를-앙리 상송(Charles-Henri Sanson)이 그녀의 팔을 뒤로 묶으려 하자, 그녀는 "마라를 죽인 이후 계속 난폭하게 묶여 있어 손에 상처가 생겼어요. 악화되지 않게 장갑을 껴도 될까요?"라고 물었다고 한다. 그러자 집행인은 "괜찮아, 난 전혀 아프지 않게 묶는 방법을 알고 있지"라고 대답했고, 그녀는 미소를 지으며 얌전히 포승줄을 받았다. 처형장으로 향하는 호송 마차에도 그녀와 함께 탔던 집행인 상송은 회고록에서 이렇게 말했다.

"그녀를 바라보면 바라볼수록 강하게 매료되었다. 분명 그녀는 아름다웠다. 하지만 그 아름다움 때문이 아니라, 마지막까지 어떻게 그렇게 사랑스럽게 의연할 수 있는지 정말 믿을 수 없었다."

고전파를 대표하는 화가이자 마라의 절친이었던 자크-루이 다비드(Jacques-Louis David, 1748~1825)가 그린 '마라의 죽음(The Death of Marat)'은 꽤 유명한 작품으로 남아 있다. 작가는 심각한 피부병을 앓고 있던 마라를 깨끗하고 흠결이 전혀 없이 처리하면서 카펫, 종이, 펜 등 다른 세부 사항 역시 정리한 듯 그렸다. 다비드는 친구의 동료들, 즉 자신의 정치적 동지들에게 마라를 '사람들의 행복을 위한 글을 썼던 것'으로 묘사하겠다고 했던 약속을 지켰다. 아울러 마라의 왼손에 쥐어진 종이에 샤를롯 코르데라는 이름까지 분명히 표기했다. 작품은 크게 공감대가 형성되면서 공포 정치 시대 지도자들이 작품의 복제품을 다수 주문하여 주위에 전달했다. 아울러 1793년부터 1794년까지 다비드의 제자들이 참여하여 선전 선동을 위한 복제품들을 다시 만들었다. 하지만 로베스피에르와 생쥐스트 일파의 실각과 처형 이후 작품의 유행은 줄어들었고, 다비드의 요청에 따라 1795년에 제작이 중지되었다.

장-자크 우에어

다른 그림은 잘 알려지지 않지만 몇 점의 프랑스 혁명 관련 그림, 그리고 단두대에서 처형당하기 전 샤를롯 코르데를 그린 사람이 바로 장-자크 우에어(Jean-Jacques Hauer, 1751~1829) 또는 요한 야콥 하우어(Johann Jakob Hauer)였다. 그는 프랑스에서 활약한 독일 화가였다. 혁명 법정에서 코르데의 초상화를 그렸던 그는 코미디 프랑세스(Comédie-Française) 즉 프랑세스 극장 소속의 화가이자 방위군 장교였다.

당시 코르데는 그가 그림을 마무리할 수 있게끔 감옥 안으로 들어올 수 있도록 간수에게 요청

샤를롯 코르데의 초상(Portrait of Charlotte Corday), Jean-Jacques Hauer, 제작 연도 및 소장 장소 미상

했고 우에어가 들어오자 그녀는 자신의 운명에 관심을 가져준 그에게 고마움을 표시했다고 한다. 그리고 맑고 평온한 표정으로 그의 앞에서 포즈를 취했다.

폴-자크-에메 보드리

프랑스 화가 폴-자크-에메 보드리(Paul-Jacques-Aimé Baudry, 1828~1886)는 방데(Vendée)의 라 로 쉬-수리옹(La Roche-sur-Yon) 출신이다. 1845년 국립미술학교(École des Beaux-Arts)에 입학하여 미셸 마르탱 드롤링(studied art under Michel Martin Drolling)에게서 배웠다. 그리고 1850년 로마상을 받았다.

당초 그의 회화는 엄격하게 잘 다듬어진 기초를 비롯하여 학문적 우아함이 가득 차 있었지만 독 창성이 부족하다는 지적이 있었다. 그는 이탈리

폴-자크-에메 보드리

아에 거주하는 동안 코렛지오(Correggio)의 매너리즘 회화에서 영감을 받으면서 살롱 출품작 (The Martyrdom of a Vestal Virgin and The Child)을 만회하고자 부단한 노력을 기울였다. 그리하여 1857년 살롱에서 전시한 두 작품이 판매되는 성과를 거두었다. 그때 그의 작품들은 '세례 요한과 레다(Leda, St John Baptist)', '베울의 초상(Portrait of Beul)'이었고 모두 1등을 차지했다. 그는 초기 회화에서 신화적 또는 공상적 주제를 주로 선택했는데 가장 주목할 만한 것 중 하 나는 '진주와 포말(Pearl and Wave, 1862)'이다.

한편 그는 우연히 마라가 암살당한 이후의 역사적인 그림이랄 수 있는 샤를롯 코르데 그리기 를 시도했다. 그런 다음 귀조(Guizot), 샤를 가니에(Charles Garnier), 에드몽 아부(Edmond About) 와 같은 당대의 저명한 인물의 설명적 초상화나 그 이전 귀족들 그리기에 집중했다. 그의 명 성을 말해주는 또 다른 작품들로는 상상력과 색채가 돋보이는 벽화 장식을 들 수 있는데 그것 들은 파리 법원, 샹티이 성(Château de Chantilly) 및 일부 개인 주택의 프레스코화로 볼 수 있다.

암살당하는 마라(L'Assassinat de Marat), Paul-Jacques-Aimé
Baudry, 1863, 203×154cm, Musée d'Arts de Nantes, Nantes

아울러 오텔 풀드(Hôtel Fould), 오텔 파이바(Hôtel Paiva) 및 오페라 가니에(Opera Garnier)의 로비
장식도 그의 작품이다. 그는 모두 30점이 넘는 춤과 음악을 비유적으로 표현한 작품들을 위
하여 10년 넘게 작업했고 장-빅토르 쉬네즈(Jean-Victor Schnetz)의 뒤를 이어 국립미술학교
위원회(Académie des Beaux-arts)의 위원이 되었다.

보드리는 1886년 파리에서 영면했다. 그 이전 1878년 그는 벨기에 왕립 과학, 문학 및 미술
아카데미의 회원(Royal Academy of Science, Letters and Fine Arts)이 되었다. 1890년 그의 동료
중 두 사람(Paul Dubois, Marius Jean Mercié)은 건축가였던 보드리의 남동생과 함께 그가 묻힌
파리의 유명 묘지(Père Lachaise Cemetery)에 그의 기념비를 세웠다.

아르투로 미셀레나

프란치스코 아르투로 미셀레나 카스티요(Francisco Arturo Michelena Castillo, 1863~1898)는 초상화, 역사화 및 장르화로 잘 알려진 베네수엘라 화가였다. 그의 아버지(Juan Antonio Michelena) 역시 화가였고, 어머니(Socorro Castillo)는 벽화가(Pedro Castillo) 의 딸이었다. 그는 매우 어린 나이에 아버지의 가르침으로 그림 수업을 시작했고 1874년 11세에 한 저널리스트(Francisco de Sales Pérez)의 후원으로 잡지(Costumbres Venezolanas)의 삽화를 그렸다. 그는 나중에 위젠 드베리아(Eugène Devéria)의 제자였고

아르투로 미셀레나

프랑스로부터의 이민자였던 화가(Constanza de Sauvage)로부터 본격적인 미술 수업을 받았다. 1879년부터 1882년까지 미셀레나는 아버지와 발렌시아(Valencia)에서 초상화, 벽화 및 거장들의 그림 모사 등을 주문받으면서 학생들을 가르치는 개인 회화 학원을 운영했다. 1883 년 그는 시몬 볼리바르(Simón Bolívar), 즉 '엘 리베르타도르 탄생 100주년 기념 전시회(Great Exhibition of the Centennial of the Birth of El Libertador)'에 그림 두 점을 출품하여 은메달을 수상했다.

2년 후, 그는 유럽에서 공부할 수 있는 정부 보조금을 받게 되었고, 이때 친구와 함께 파리로 건너가 아카데미 줄리앙(Académie Julian)에 등록하여 장-폴 로렝(Jean-Paul Laurens)에게 수업을 받았다. 스승 로렝의 격려에 힘입어 그는 '아픈 아이(The Sick Child)'라는 그림을 1887년 살롱에 출품하여 금메달을 수상했는데 이는 그때까지 외국인에게 수여된 최고의 영예였다. 몇 년 후, 작품은 아스토(Astor) 가족에 팔린 후 뉴욕으로 옮겨졌다. 그는 교수대로 향하는 샤를롯 코르데 그림으로 1889년 국제 박람회 전시에서 또다시 금메달을 받았다.

한편 같은 해에 고국 베네수엘라로 돌아온 그는 얼마 지나지 않아 유명한 미술 수집가인 라스테니아 테요 멘도사(Lastenia Tello Mendoza)와 결혼했고, 그 후 아내와 함께 파리로 돌아왔다.

형장으로 향하는 샤를롯 코르데(Charlotte Corday being conducted to her execution), Arturo Michelena, 1889, 소장 장소 미상

1890년에 빅토르 위고가 쓴 '에르나니(Hernani)'의 삽화를 그리기 위한 작업에 고용되었고 아울러 뉴욕에 망명해 있는 동안 호세 안토니오 파에스 장군(General José Antonio Páez)에게 보여준 환대에 대한 감사의 표시로 베네수엘라 정부가 뉴욕시에 선물할 작품을 제작하라는 의뢰를 받았다.

1892년 결핵에 걸린 그는 의사의 조언에 따라 고국으로 돌아왔고, 패션 초상화를 그리면서 호아킨 크레스포(Joaquín Crespo) 대통령의 공식 화가로 임명되었다. 그러면서 거주지였던 곳(Palacio de Miraflores)에서 장식을 그려달라는 주문을 받았다. 일찍 회화 세계에 발을 들였던 그는 1898년 35세의 나이로 결핵에 걸려 세상을 떠났고 수많은 그의 작품은 미완성으로 남았다.

루이 15세의 왕비 마리 레슈친스카

　그림을 보는 순간 당시의 프랑스 궁정 정황이 그려지면서 바로 떠오른 것은 폴란드 국기였다. 비록 화면 윗부분이 흰색은 아니지만 아래가 온통 빨강색인 이유는 그림 속 주인공이 폴란드 출신이었던 때문일까?

　비운의 국왕 루이 16세의 할머니이자 그의 할아버지, 즉 전임 국왕 루이 15세의 왕비 마리 레슈친스카(Marie Leszczyńska, 1703~1768)는 폴란드 국왕(Stanislaus I Leszczyński)과 왕비(Catherine Opalińska)의 둘째 딸이었다. 스웨덴 국왕 카를 12세가 폴란드를 침공하던 무렵에 태어난 그녀는 전쟁에서 패하는 바람에 왕위에서 축출된 아버지로 인하여 고국에서도 쫓겨나고 말았다. 그녀의 가족은 오스만 제국 등 유럽 여러 곳을 떠돌며 지내다가 프랑스의 온정으로 알자스의 작은 마을에 정착했다.

　1725년 9월, 스물한 살이 된 그녀는 당시 열여섯 살이던 루이 15세와 혼인했다. 당시 섭정하던 오를레앙 공(Duc d'Orléans)이 죽은 후 실권자가 된 부르봉 공작(Duc de Bourbon)이 적절한 조건의 왕녀를 찾고 있었기 때문이었다. 그가 모색한 왕녀의 조건은 많은 2세를 만들어 왕가를 잘 꾸려나갈 수 있는 여인으로, 다산으로 알려진 폴란드 왕실 출신의 그녀는 적절한 신부감이었다. 게다가 그녀가 그때 오고 갈 곳이 없고 극도로 빈곤한 왕가 출신이었기 때문에 유럽에서 가장 부유한 나라 국왕의 배우자가 될 수 있게 해준 은혜에 보답하기 위해서라도 순종과 희생으로 왕가를 잘 꾸려나갈 것이라 믿은 것이다.

　혼인으로 궁에 들어온 시점부터 그녀는 폴란드인이라는 이유 때문에

성경을 읽는 마리 레슈친스카의 초상(Portrait of Marie Leszczyńska), Jean-Marc Nattier, 1748, 104× 112cm, Musée de l'Histoire de France, Versailles

적지 않은 비아냥을 견뎌야 했다. 하지만 그녀는 폴란드 왕실의 다산력을 과시라도 하듯이 매년 한 명꼴로 아이를 낳아 총 아홉 명의 자녀를 낳았다. 게다가 왕세자까지 생산하여 왕실의 기대에 부응했다. 하지만 지나치게 헌신적이고 얌전한 아내에게 점차 싫증을 느끼게 된 루이 15세는 정부를 여러 명 두었는데 그 중에 퐁파두르 부인과 뒤 바리 부인 등이 있었다.

결국 막내 아이를 나은 후 그녀는 국왕과 단 한마디의 말도 나누지 않는, 실제적 별거 상태가 되었다. 그렇게 일상적인 궁정 행사에서도 소외되었던 왕비는 신세 한탄은 전혀 없이 매일 시녀들을 거느리고 미사에 참례했고 자기 방에서 그림을 그렸으며, 수를 놓거나 악기 연주 등으로 시간을 보냈다. 따라서 어떠한 궁정의 음모, 사건에도 연결되는 일 없이 죽을 때까지 평온한 삶을 살다가 루이 15세가 죽기 6년 먼저 세상을 떠났다.

프랑스 왕녀 빅투아르

프랑스의 왕녀 빅투아르(Victoire of France), 또는 빅투아르 루이스 마리 테레스(Victoire Louise Marie Thérèse, 1733~1799)는 프랑스의 공주로 루이 15세와 왕비 마리아 레슈친스카 사이에서 태어난 아홉 자녀 중 다섯 번째였다. 그녀의 이름은 고조 할머니 마리 테레사 왕비에서 따왔다. 언니 중한 명이 일찍 세상을 떠났기 때문에 그녀는 왕의 넷째 딸을 뜻하는 마담 캬트리엠(Madame Quatrième)으로 불렸으나 나중에는 빅투아르 부인(Madame Victoire)으로 알려졌다.

베르사유 궁전에서 태어난 그녀는 그곳에서 살지 않고 여동생들과 함께 퐁테브로 수도원에 살아야 했다. 그것은 루이 15세의 수석 장관인 플뢰리 추기경(Cardinal Fleury)이 그들을 양육하는 데 많은 돈이 든다며 결정한 일이었다. 그녀는 1748년 15세가 될 때까지 수도원에서 지냈다. 1748년, 더 이상 어린 아이가 아니라고 생각했던 빅투아르는 아버지에게 궁정으로 돌아갈 수 있도록 허락해달라는 편지를 보냈고, 이에 루이 15세는 흔쾌히 승락하여 그녀는 베르사유 궁전으로 돌아올 수 있었다.

궁으로 들어온 그녀는 수녀원에서 지낼 때 학습을 소홀히 했음을 깨닫고 그것을 보상받고자 열심히 공부했다. 그리하여 프랑스어를 완벽하게 마스터했고 역사는 물론 상식도 풍부해졌으며 이탈리아어, 영어, 수학 등도 수준급이 되었다. 아울러 그동안 떨어져 있던 형제, 자매는 물론 왕세자와도 친밀하게 지냈다. 그녀는 자신감 넘치는 활발한 성격과 특유의 매력으로 궁정의 아버지를 기쁘게 만들면서 궁으로의 성공적 복귀를

프랑스의 빅투아르 공주(Princess Victoire of France), Jean-Marc Nattier, 79×60cm, Palace of Versailles, Versailles

했다. 미인에다가 훌륭한 인격을 가진 인물로 알려지면서 점차 인기 있는 공주가 되었다.

1753년, 스페인 페르디난드 6세의 왕비인 포르투갈의 바르바라(Barbara)가 중병에 걸리자 빅투아르 루이 테레스가 다음 왕비가 되어야 한다는 말이 제기되었다. 그런데 스페인의 여왕은 병을 이겨내면서 5년을 더 살았고, 그 사이 적절한 지위를 가진 다른 배우자를 찾을 수 없었던 빅투아르는 결국 미혼으로 남았다. 게다가 시간이 지나면서 그녀는 상당히 과체중이 되어 아버지인 국왕은 그녀를 두고 '돼지(Coche)'라고 부를 정도였다.

1770년 14세의 마리 앙투아네트가 장래 루이 16세가 되는 빅투아르 부인의 조카인 왕세손과 결혼하면서 왕세손비가 되었다. 왕세손과 그의 숙모 사이가 매우 친밀했기 때문에 앙투아네트 역시 그녀와 친해졌다. 하지만 그렇게 긴밀했던 관계는 마리 앙투아네트에게 뒤 바리 부인을 모욕하도록 은밀히 시도하는 과정에서 끝나고 말았다.

1774년 루이 15세가 천연두에 걸려 사망하면서 프랑스 국왕의 자리는 손자인 루이 16세에게 이어졌고, 이때 빅투아르 자매들 역시 병에 걸려 회복될 때까지 격리되었다. 그녀들의 조카인 국왕은 그들이 베르사유 궁전에 있는 아파트에 살게끔 허락했고 외교 사절 방문 등 특별한 경우에는 궁정 행사에 참여하도록 했다.

본격적으로 혁명이 일어났던 1789년 10월 6일, 빅투아르 부인과 자매(주로 바로 위 언니인 마담 아델라이드, Madame Adélaïde, Marie Adélaïde de France, 1732~1800)는 파리 여성들이 베르사유로 행진하여 그곳이 공격받던 밤 마리 앙투아네트의 침실과 왕의 처소에 함께 있었다. 이어 그들은 궁을 떠나 파리로 향하는 마차에 탔지만, 목적지에 도착하기 전에 다른 행렬과 분리되어 국왕 일가와 함께 튈르리 궁전으로 갔다. 그러나 그들은 다시 뫼동(Meudon)에 있는 벨뷰성(Château de Bellevue)으로 옮겨 그곳에 은신했다.

2월 19일, 일단의 여성 시위대가 팔레 루아얄(Palais Royal)에 모여 빅투아르 자매가 탈출하는 일을 막고자 벨뷰성으로 향했고, 이를 전해 들은 자매는 바로 그곳을 떠나 루이-알렉상드르 베르티에(Louis-Alexandre Berthier) 장군의 호위를 받으며 이탈리아로 향했다. 그때 두 사람의 출발은 언론(The Chroniqle de Paris)의 주목을 받았는데, 기사에서는 세계를 여행하고자 하는 열망에 사로잡힌 두 공주의 목적지는 이탈리아로, 그곳에 가서 교황의 슬리퍼에 입맞춤할 것이라고 묘사했다.

그들의 탈출은 여론에 의하여 지체되었으며 많은 우여곡절을 겪게 되었다. 파리 여러 곳에서 그들로 인한 폭동이 일어났는데 국왕으로 하여금 그의 고모들을 파리로 돌아가라고 명령하라는 요구가 주를 이뤘다. 그에 따라 그녀들은 선술집 같은 곳에 잠시 구금되기도 했었다. 결국 의회에서 그 문제를 논의하는 동안 두 사람은 리옹(Lyon) 부근에서 국경을 넘어 이탈리아로 갈 수 있었다.

공주 자매는 1791년 4월 16일 로마에 도착한 후 약 5년간 그곳에 머물렀다. 이때 빅투아르 부인은 상냥한 얼굴, 좋은 성격에 사교성을 발휘하면서 결코 허세를 부리지 않았다. 그들은 가지고 온 보석을 그들처럼 곤경에 처한 가난한 이주자들을 돕기 위해 하나씩 팔았고, 덕분에 그들은 현지 사람들로부터 존경을 받게 되었다. 루이 16세와 그의 일가가 6월에 바렌(Varennes)을 향하여 파리를 떠났다는 소식이 들려왔을 때 마치 탈출에 성공한 듯 자매를 기쁘게 했지만 곧 실패했음이 알려지면서 그들은 큰 슬픔에 빠졌다.

1796년 혁명국 프랑스가 이탈리아를 침공하자 자매는 로마를 떠나 마리 앙투아네트의 언니 마리아 카롤리나(Maria Carolina)가 왕비로 있던 나폴리로 가 그곳 카세르타 궁에 머물렀다. 그러나 1799년 나폴리가 프랑스의 침략을 받자 그들은 코르푸(Corfu)로 떠나 마침내 트리에스테(Trieste)에 정착했다. 이 무렵 빅투아르는 유방암으로 세상을 떠나고 1년 후 언니 아델라이드도 사망한다. 두 사람의 유해는 부르봉 왕정 복고 이후 루이 18세에 의하여 프랑스로 인도되어 생드니 대성당에 묻혔다.

장-마르크 나티에

장-마르크 나티에(Jean-Marc Nattier, 1685~1766)는 초상화가로, 주로 루이 15세의 궁정에 있던 여인들을 신화 속의 모습으로 그려 유명해졌다. 그는 아버지를 비롯하여 삼촌인 역사화가 장 주브네(Jean Jouvenet)로부터 첫 가르침을 받았다. 1703년 왕립미술학교에 적을 두면서 뤽샹부르 궁전에서 피터 폴 루벤스(Peter Paul Rubens)가 그린 마리 데 메디치(Marie de Médici)의 초상화를 소묘를 비롯한 연작으로 만들었고 그것들을 바탕으로 1710년 판화집을 찍어냈다.

장-마르크 나티에

1715년 표트르 대제가 머물고 있던 암스테르담으로 가서 황제와 예카테리나 황후의 초상화를 그렸지만, 그들이 러시아로 함께 가자는 제안은 거절했다. 그는 당초 역사화가가 되기를 열망했기 때문에 1715년에서 1720년 사이에 표트르 대제를 위하여 그렸던 '풀타와 전투(Battle of Pultawa)'와 같은 작품 제작에 전념했고, 아카데미 회원으로 선출된 이후에는 '피네우스와 그의 동료들의 무력함(Petrification of Phineus and of his Companions)'과 같은 그림 작업을 이어나갔다.

하지만 1720년 나티에는 법적인 문제로 재정적 파탄에 이르렀기 때문에 자신의 모든 에너지를 초상화에 바칠 수밖에 없었다. 그는 루이 15세 궁정에 있는 여인들을 위한 화가가 되면서 경제적으로 회복할 수 있었다. 또 하나 중요한 사실은 그로 인하여 살아 있는 사람을 그리스-로마 여신이나 다른 신화적 인물로 묘사하는 우화적 초상화(allegorical portrait) 장르가 부활했던 점이다. 나티에가 구현했던 우아하고 매력적인 궁중 여인들의 초상화는 대단한 유행을 만들었는데, 부분적으로 그가 모델을 보다 더 아름답게 만들면서도 실제 모습을 유지시켰던 그만의 방법 덕분이었다. 그가 그런 방법을 쓰지 않고 사실적으로 그렸던 초상화 중 가장 주목할 만한 예는 디종미술관의 '마리 레슈친스카(Marie Leczinska)'와 '가족에 둘러싸인 미술가들(The Artist Surrounded by His Family, 1730)' 등이다.

주목할 만한 그의 그림 중 많은 것이 유럽 주요 미술관에 영구 전시되어 있다. 이들의 분량은 예상을 훨씬 뛰어넘을 정도로 매우 많다. 그는 1766년 파리에서 세상을 떠났다.

루이 16세와 왕비 마리 앙투아네트(1)

프랑스 혁명에 대해서는 잘 몰라도 역사적인 사건이 일어났을 때 국왕과 그 왕비가 누구였는지에 대하여 사람들은 잘 알고 있다. 그들은 비운의 왕 루이 16세와 왕비 마리 앙투아네트이다. 루이 16세 이전의 국왕은 그의 할아버지 루이 15세였고, 손자로 왕위를 이어받은 그는 역사적인 혁명에 의하여 결국 '마지막 루이'가 되고 말았다.

사람들은 국왕과 그 주변 지배 계층의 부패 때문에 혁명이 일어난 것으로 알고 있기 때문에 그가 아무리 좋은 업적을 남겼더라도 악행만 기억하게 된다. 그래서 그가 지배하던 시대에 남긴 일들은 그리 좋은 평가를 받지 못하고 있다. 자질과 적성이 지도자로서 부적격이었고 그에 대해서는 무능하며 심지어 정치에 무관심했다는 말이 우선 언급된다.

결정적인 점은 이전 국왕 루이 14와 루이 15세 때에 이어 재정이 결코 좋지 않은 상태였음에도 미국 독립혁명을 지원함으로 프랑스 경제를 파탄 직전까지 내몰았다는 사실이다. 이 문제는 당연히 비난할 수 있는 일이었지만, 당시 영국과의 팽팽하던 외교적 긴장 관계와 치열한 무력 경쟁을 보았을 때 어쩌면 불가피한 측면이었다고 말할 수도 있다. 1788년 기후 악화에 의한 대흉작으로 백성들이 끼니를 걱정해야 할 정도로 피폐 상태에 빠진 것도 혁명의 원인이었다고 한다. 하지만 어느 해는 두드러지게 풍작이어서 사람들이 풍요를 느꼈다는 기록도 찾아봐야만 한다. 농작에 의한 수확은 언제나 불규칙했기 때문이다.

아무튼 그는 1791년 9월 3일, 혁명 세력에 의하여 국가가 입헌군주국

루이 16세(Louis XVI, King of France and Navarre, wearing his grand royal costume), Antoine–François Callet, 1789, 278×196cm, Palace of Versailles, Versailles

으로 선포되면서 전제군주에서 입헌군주로 신분이 바뀐 다음, 1792년 공화국으로 국체가 바뀌면서 군주제가 완전히 폐지되자 평범한 파리 시민의 한 사람이 되고 말았다. 어릴 때부터 착했다는 루이 16세는 사회 개혁에 대한 의도는 있었지만, 특유의 우유부단함으로 인하여 절대 실행에 옮길 수 없었다고 한다.

그에게 여러 약점도 있었지만, 당시 귀족층의 사치와 방탕은 지금까지 살펴본 궁정의 여인들을 통하여 쉽게 알 수 있다. 게다가 나름대로 뜻을 갖고 능력 있는 네케르(Jacques Necker) 같은 관료들을 등용하여 제도의 모순 해결 및 재정 위기 타개를 모색했지만, 번번이 궁정과 특권 신분들의 저항으로 실패하고 말았다. 결국 상황은 다시 악화되어 1788년 삼부회가 소집되었고, 이때 다시 네케르를 기용했지만 소집된 삼부회에서 이듬해 6월 입헌군주제를 밀어붙일 움직임이 감지되자, 군대를 동원하여 사태를 더 악화시켰다. 급기야 상황은 바스티유 감옥 습격으로 이어져 시민 봉기에 의한 시위가 최고조에 이르렀다. 최후의 수단으로 미라보, 라파예트 등을 이용하여 권력의 회복을 꾀했으나, 이 역시 실패로 끝났다.

1791년 6월 가족과 함께 국외로 도주를 시도하다가 중도에 발각되어 실패하면서 입헌 왕정을 기반으로 한 1791년의 개정 헌법의 승인을 강요받았다. 그후 국민의회는 왕을 퇴위시키고 공화국을 선포하면서 루이 16세는 국민의회의 투표 결과 반역자라는 판결을 받고 1793년 1월 단두대에서 처형되었다.

루이 16세는 왕세자였던 루이 15세의 아들 루이 페르디낭(Louis Ferdinand)과 작센의 마리아 조셉 공녀(Maria Josepha Karolina Eleonore Franziska Xaveria of Saxony)의 아들로 베르사유 궁전에서 태어났다. 열한 살 때인 1765년 아버지의 죽음으로 인하여 할아버지 루이 15세의 뒤를 이을 왕세손이 되었을 때 어머니 역시 1767년 아버지와 같은 병인 결핵에 걸려 세상을 떠났다.

당시 오랜 세월 동안 서로 적대시해 온 프랑스 부르봉 왕가와 오스트리아 합스부르크 왕가 사이에 정략 결혼이 추진되었는데, 이때 오스트리아는 강성해지는 프로이센 왕국을 견제할 필요가 있었고 프랑스 역시 힘이 커진 영국을 의식해야 했기 때문이었다. 당초 오스트리아의 군주 마리아 테레지아의 딸 마리 앙투아네트와 루이 16세의 형인 루이 조셉 간에 정략 결혼이 추진되었으나 루이 조셉의 사망으로 인하여 배우자가 바뀌었다.

앙투안-프랑수아 칼레

앙투안-프랑수아 칼레(Antoine-François Callet, 1741~1823)는 파리 출신으로, 우화적인 작품을 그렸던 초상화가이자 루이 16세의 공식 화가였다. 그는 1764년 '쥬노의 사원을 향하여 어머니의 수레를 끄는 클레오비스와 비톤(Kleobis and Biton dragging their mother's cart to the temple of Juno)'이란 작품으로 로마상을 받았다. 1779년 다르투아 백작(Comte d'Artois)의 초상화를 그리면서 왕립미술아카데미에 입학할 수 있었다.

1783년부터 그는 지속적으로 살롱에 출품하기 시작했고 뤽상부르 궁전의 큰 화랑 중앙 천장화(L'Aurore, Aurora)를 그렸다. 집정 정부 및 제1 제정 때 보다 많은 우화적 그림을 그렸는데 베르사유 궁전에 있는 '오스텔리츠 전투의 은유(Allegory of the Battle of Austerlitz, 1806)'가 그 중 하나이다.

원래 그는 역사화가였지 초상화가는 아니었지만 1778년 국왕을 그리고 1790년 왕의 두 형제를 그려달라는 요청이 이어지면서 궁정 초상화가로서의 경력이 시작되었다. 그는 그때부터 국왕 전속 화가가 되었는데 이는 1779년으로 기록되어 있다. 1780년에 그는 국왕 초상의 '기본적 도상'을 그리면서 무척 많은 돈을 받았는데 이는 그의 능력을 충분히 입증하는 일이었다. 1779년에 엘리자베스 루이스 비지 르 브렁이 그린 마리 앙투아네트의 대형 초상화에 대한 보수는 그가 받았던 액수의 반에 불과했다. 그렇게 만들어진 루이 16세의 초상화는 1785

년 최초의 허가를 받은 샤를 베르빅(Charles Bervic)에 의하여 판화로도 만들어져 널리 유통되었다.

1816년, 73세에 이른 칼레는 자신의 유명한 작품 루이 16세 초상화가 작자인 자신에게 어떠한 사전 허락이나 수정 요청 없이 직조 작품으로 만들고자 고블랭(Gobelins)에게 보내졌다는 것을 알게 되었다. 화가 난 그는 정부의 관료 등에게 이 사실을 알리면서 아무런 대가 없이 작업을 해주겠다고 말했지만 그냥 무시되었다. 이런 일련의 일 등을 통하여 칼레는 직업만 잃었을 뿐 별일 없이 생을 마감한 것으로 보인다.

루이 16세와 왕비 마리 앙투아네트(2)

　마리 앙투아네트는 오스트리아가 오랜 숙적 관계였던 프랑스와의 동맹을 위하여 루이 16세와 정략 결혼을 하면서 프랑스 왕비가 되었다. 그러나 혁명으로 인하여 38세 생일을 2주 앞두고 단두대에서 처형되고 말았다. 비교적 자유롭게 어린 시절을 보냈던 그녀는 프랑스어와 이탈리아어에 능통했으며 오스트리아 특유의 예술적 분위기 속에서 성장하면서 음악과 미술을 좋아했고, 하프 연주를 잘했다고 한다.

　프랑스 궁정에서도 앙투아네트는 활발하고 사교적이며 화려한 성향이었으나, 남편 루이는 반대로 조용하고 사색적이었다고 한다. 두 사람은 취미나 기질 등도 달랐으나 사이는 좋은 편이었고 그로 인해서였는지 왕비는 왕실로부터 수시로 귀금속 선물을 받았다고 한다. 결혼 이후 그들 사이에는 늦게 얻은 네 명의 자녀가 있었고, 루이는 생을 마감할 때까지 계비나 후궁을 두지 않았다.

　궁정에서 보내면서 마리 앙투아네트는 루이 15세의 마지막 '공식적 총희'였던 뒤 바리 백작 부인이 매춘부 출신이라는 사실만으로 그녀를 매우 무시하며 경멸했다. 자신과 같이 고귀한 혈통을 지닌 합스부르크 출신이 천박한 여성과 함께 있어야 한다는 사실에 자존심이 상한다고 생각한 것이다. 그러나 국왕의 공식 총희를 무시하는 행위는 곧바로 프랑스 국왕을 무시하는 행위가 되는 심각한 문제이기도 했다. 화가 난 뒤 바리 백작 부인은 오스트리아 대사에게 그런 식으로 자꾸 나올 경우 프랑스와 오스트리아의 외교 관계가 악화될 것이라며 겁박하여 마리 앙투아네

장미를 들고 있는 마리 앙투아네트(Marie Antoinette with a Rose), Élisabeth Louise Vigée Le Brun, 1783, 113×
87cm, Palace of Versailles, Versailles

트의 반감에 제동을 걸었다. 이에 어머니 마리아 테레지아와 가족의 간곡한 설득이 이어져 어쩔 수 없이 마리 앙투아네트는 상황을 받아들였다고 한다. 1774년 5월, 할아버지 루이 15세가 세상을 뜨자 루이 16세는 기다렸다는 듯이 뒤 바리 백작부인을 궁에서 쫓아내버렸다.

1774년, 루이 15세가 천연두로 인하여 사망하자 남편이 국왕으로 즉위했고, 마리 앙투아네트는 프랑스의 왕비가 되었다. 그러나 프랑스인들은 그녀에 대해 여전히 냉담한 편이었는데 그것은 프랑스가 오랫동안 오스트리아와 적대 관계여서 국민적 감정의 골이 깊었기 때문이다. 게다가 사람들은 국가 재정 악화의 원인이 궁정의 호사스러움, 특히 왕비의 사치 때문이라고 생각하면서 사석에서 경멸의 의미로 왕비를 '적자(赤字) 부인' 또는 '오스트리아 여자'라 부르기도 했다.

어쨌든 당시 프랑스 왕족과 귀족들은 절대 왕정이 위기로 치닫게 되는 중대한 원인이었던 재정 문제를 전혀 고려하지 않은 채 화려한 로코코 문화에 빠져 있었다. 권력층 전원이 무절제했던 사치의 예는 귀족 부인들의 예술품 수집과 예술 후원 등이었는데 그것들은 후대에 큰 이익이 되고 현재의 프랑스를 나타내는 문화재들이 되었다. 결국 루이 16세 재위 기간 재정은 손을 쓰기 힘들 정도로 깡그리 바닥나버렸다.

하지만 그때까지의 다른 왕비들과 비교하여 마리 앙투아네트가 쓴 돈은 그다지 많은 수준이 아니었으며, 실제로 그들 부부는 검소하여 왕실 예산 중 겨우 10% 정도만 사용했을 뿐이었다고 한다. 그럼에도 오스트리아에 대한 뿌리 깊은 반감 등이 더해져 그녀에 대한 온갖 억측이 부풀려 이어졌다.

희고 고운 피부와 탐스러운 머리, 늘씬한 체형을 가지고 있던 마리 앙투아네트는 복장과 머리 손질에 관심이 많아 당시 프랑스 복식을 주도하면서 유행을 선도했다. 그렇게 왕비의 패션과 화장하는 모습 등이 여러 경로로 공개되었던 탓에 베르사유궁에는 왕비를 구경하려는 사람들로 매일 북새통을 이루었고, 적국 출신이라면서 본래 곱지 못한 시선을 받던 그녀에 대한 소문은 좋지 않은 면만 더해져 퍼져나갔다.

1785년, 이른바 '목걸이 사건'이 발생하며 그녀에 대한 사람들의 불신은 최고조에 다다랐다. 그것은 주모자 라모트 백작부인(Comtesse de la Motte)이 로앙 추기경(Louis René Édouard de Rohan)에게 접근하여 왕비가 매우 비싼 값의 다이아몬드 목걸이를 국왕 모르게 타인 명의로 구입하기 원한다고 속여서 대리 구매를 하도록 유도한 후 중간에서 가로챈 전형적인 사기 사건이었다. 재판을 통해 사기극으로 밝혀지고 왕비가 결백하다는 사실이 밝혀졌지만 이로 인해 왕비의 위신은 크게 떨어져버렸다. 사건의 진상이 밝혀졌음에도 파리 시민들은 마리 앙투아네트가 여론을 잠재우기 위해 두 사람에게 누명을 씌웠다고 믿었다. 그리하여 이 사건은 그녀를 향한 증오를 부추긴 일이 되어버렸다.

그러다가 국가 전체가 혁명의 혼란을 빠져들었고 대흉작으로 인한 밀 수확량이 급감하자 파리의 빵값이 천정부지로 올라버렸다. 사람들은 끼니를 걱정하면서 사치스러운 귀족들에 대한 불만과 원망이 폭발하기 일보 직전에 놓여 있었다. 그런데 궁에서는 플랑드르 군대를 위한 호화로운 연회가 벌어지면서 군인들에 의하여 혁명의 상징이던 삼색기가 훼손당하는 일이 벌어졌다. 이 소식을 접한 파리 시민들은 또다시 분노했고, 빵값 폭등으로 분을 참기 힘들었던 여인들이 앞장서 시위에 나섰다. 7천여 명의 여인이 파리 시청으로 모여들어 "빵을 달라"라고 외치며 10월 5일 베르사유 궁전을 향해 행진했다. 이 소식을 들은 왕비가 "빵이 없으면 케이크를 먹으면 되지요!(Let them eat cake, Qu'ils mangent de la brioche!)"라고 말했다는 조작된 선동이 퍼지면서 민중은 걷잡을 수 없는 혼란으로 빠져들었다.

루이 16세와 왕비 마리 앙투아네트(3)

혁명이 진행되고 있을 때 루이 16세는 국외로의 도피를 고민했다. 하지만 불명예를 두려워하여 국내에 머물고자 했으나 겁에 질린 마리 앙투아네트는 모국 오스트리아로 떠날 결심을 굳혔다. 이는 어쩌면 당연한 일이었다. 1791년 6월 20일 그녀는 대형 마차를 준비한 후 식량과 음료, 옷 등을 가득 싣고 남편과 아이들, 시녀와 미용사까지 동반하여 몰래 파리를 빠져나갔다. 하지만 이미 소문이 퍼졌고, 많은 짐으로 속도를 낼 수 없던 탈출은 곧 경계 군인들에게 발각되었다. 국왕 가족이 파리로 압송되면서 마리 앙투아네트의 계획은 물거품이 되고 말았다. 왕가의 권위는 다시 크게 실추되었고 입헌군주제를 옹호하면서 그나마 군주제를 존속하고자 했던 푀양파 세력으로부터의 지지도 상실하고 말았다.

한편 탈출 실패 소식을 접한 신성로마제국 황제 레오폴드 2세는 여동생 마리 앙투아네트 및 부르봉 왕가의 신변 안전과 왕권 복원을 돕고자 노력을 기울였다. 그는 프로이센의 프리드리히 빌헬름 2세와 동맹을 맺고 8월 27일 필니츠 선언을 통해 프랑스 국민의회를 외교적으로 압박했다. 그러나 이 일 역시 국왕이 외세를 끌어들이려 한다는 반감을 증폭시키면서 파리 시민을 자극했다.

이때 혁명 주체 세력은 두 이웃 나라의 동맹과 망명 귀족들의 반혁명적 활동을 심각한 위협으로 받아들이면서 전쟁이 불가피함을 인식했다. 1792년 4월, 프랑스 의회는 오스트리아에 대한 선전포고를 통과시켰고, 프로이센에 대해서는 조금 늦은 7월 8일에 선전포고를 했다. 막상 전쟁

아이들과 함께 한 마리 앙투아네트(Marie Antoinette and Her Children), Élisabeth Louise Vigée Le Brun, 1787, 275×215cm, Palace of Versailles, Versailles

이 벌어졌을 때 군의 중추를 담당했던 귀족 출신 장교들이 전쟁 수행에 매우 소극적이었기 때문에 결국 프랑스군은 여러 지역에서 벌어진 전투에서 연전연패하고 말았다.

패전 소식으로 다급해진 입법의회는 성직자의 국외 추방, 국왕 친위대의 해산, 지방 출신을 포함하는 연맹군(국민방위대) 창설 등의 법령을 통과시켰다. 하지만 6월, 루이 16세는 이에 대한 거부권을 행사하면서 지롱드파의 대신들까지 해임했다. 이때 시민들은 국왕의 거부권 행사에 반발하며 패전의 원인이 국왕 일가에게 있다고 주장했고, 아울러 왕비가 외국 군주들과 내통하고 있다고 생각했다. 결국 파리 시민들은 6월 20일, 당시 왕궁이었던 튈르리 궁전을 습격했다.

이어 프로이센군이 침공하자 혁명 정부는 위기 상황임을 시민들에게 호소했고 그에 따라 프랑스 각지에서 의용군들이 파리로 집결했다. 그러던 중 프로이센군 사령관이 부르봉 왕실을 모욕한다면 무자비하게 응징하겠다는 발언을 했는데, 이 때문에 파리 시민들은 왕실이 여전히 외국과 내통하고 있다고 믿었다. 흥분한 시민들과 의용군은 8월 10일에 다시 왕궁을 공격하면서 격렬한 전투를 벌였다. 그러는 도중에 루이 16세는 의회로 피신했지만, 그곳으로 시민 의용군이 난입하여 결국 그들의 압박 속에 왕권은 정지되었고 국왕 일가는 모두 탕플탑에 갇혔다. 시민들은 임시 내각을 만들고 빠른 시일 안에 보통선거를 실시한다는 식으로 공화제를 내걸었고, 결국 군주제는 종말을 고하고 말았다.

한편 8월이 되자 프로이센군의 포위는 좁혀졌고 위기감이 더욱 커진 파리에는 의용군이 증가했다. 게다가 '감옥에 있는 반혁명주의자들이 의용군의 출병 후 파리에 남은 가족을 학살할 것'이라는 풍문이 떠돌면서 9월 2일 아침부터 반혁명파 색출이 마치 사냥처럼 시작되었다. 이때 감시위원회는 모든 포로를 인민의 이름으로 재판할 것을 명령했고, 그에 따라 수공업자, 장인, 소상인, 근로자 계층이었던 상퀼로트와 시민들이 감옥을 차례로 습격하여 즉석 재판을 형식적으로 마친 후 죄수들을 무자비하게 학살하는 일이 수십 일 동안 지속되었다.

이때 마리 앙투아네트와 운명을 함께하기 위해 귀국했다가 체포된 랑발르 공작 부인(Princesse de Lamballe)도 비참하게 죽었다. 폭도들은 창끝으로 그녀의 머리를 찔러 탕플탑 앞에서 왕비에게 보여주며 시위를 했는데 이때 마리 앙투아네트는 창에 꽂힌 랑발 부인의 머리를 직접 보지 못했지만, 나중에 그 얘기를 듣고 기절하고 말았다. 이 사건이 바로 '9월 학살'이다.

1793년 1월 21일, 혁명 재판소는 루이 16세에게 사형 판결을 내려 단두대에서 참수했고, 같은 해 7월에는 왕위 계승자인 루이 샤를(루이 17세)이 어머니와 고모에게서 떨어져 나오게끔 만들었다. 그리고 8월, 마리 앙투아네트는 콩시에르주리 감옥으로 옮겨진 후 10월 초에 아무런 의미 없는 공개 재판을 받았다. 공화주의에 깊이 물든 혁명기의 국민에게 마리 앙투아네트라는 존재는 무엇보다도 오스트리아 출신 여성으로, 주요 반역자일 뿐이었다. 1793년 10월 15일, 그녀는 혁명 재판에서 사형 판결을 받았으며, 다음날인 10월 16일, 콩코드 광장에서 남편의 뒤를 이어 단두대로 참수당했다.

프랑스 혁명 당시 마리 앙투아네트에 대한 평가는 극도로 부정적이었다. 하지만 최근의 연구자들에 의하면 당시 만연되어 있던 그녀에 대한 평판 대부분이 과장되고 조작된 선동이었던 것으로 밝혀지고 있다. 왕정 시대 프랑스의 왕비로서 그리 두드러지게 부적절한 면이 없었다는 평가에 이어 당시 왕비들은 거의 정치에 참여하지 않았기 때문에 정치적 능력은 물론 관련 이해 관계로 마리 앙투아네트를 폄하하는 일 자체가 잘못되었다고 보는 의견이 지배적이다.

마담 로얄 마리 테레즈 샤를롯

　절대 권력의 정점에 있던 루이 16세 부부는 결국 프랑스 혁명이라는 역사적 소용돌이 속에서 비참하게 최후를 맞고 말았다. 그들에게도 자식이 있었는데 그중 맏이이자 큰딸은 혁명의 소용돌이 속에 과연 어떻게 살았고, 어떻게 운명을 받아들였을까. 국왕과 왕비 마리 앙투아네트는 결혼하면서 바로 자식을 만들지 못했고 천신만고의 노력 끝에 혼인 7년 후에야 아이를 낳을 수 있었다. 마리 테레즈(Marie Thérèse Charlotte de France, 1778~1851)는 그들의 장녀였다. 마리 테레즈는 나중에 샤를 10세가 되는 숙부 아르투아 백작의 장남 앙굴렘 공작 루이 앙투안(Louis-Antoine d'Artois, Duke of Angoulême)과 결혼하여 앙굴렘 공작 부인이 되었다. 그녀를 주로 일컫었던 '마담 로얄'은 프랑스 역사에서 거의 유일한 명칭이다. 그녀는 왕정 복고가 이루어진 1824년 샤를 10세가 왕이 되면서 왕세자비가 되었다.

　그녀는 결혼 이후 후사가 없던 국왕 부부에게서 늦게 태어난 첫 아이였지만 딸이었기 때문에 궁정에서의 반응은 결코 좋지 않았다. 하지만 어머니 마리 앙투아네트는 아들이었을 경우 국가의 소유가 되지만 딸이라서 자신이 차지하며 온전한 사랑을 영원히 줄 수 있다는 글을 남겼을 정도로 그녀에게 사랑을 쏟았다. 공주의 이름은 외할머니 마리아 테레지아 여제와 스페인 국왕 카를로스 3세의 이름을 따와 마리 테레즈 샤를롯(Marie-Thérèse-Charlotte)으로 불리게 되었다.

　그녀가 자라날 때 온건한 성품의 아버지는 딸이 마음대로 하도록 하

마담 로얄 마리 테레즈 샤를롯(Marie-Thérèse-Charlotte, Portrait of Maria Theresia Charlotte of Bourbon), Heinrich Füger: 1795, 110.5 x 88.5cm, The State Hermitage Museum, Saint Petersburg

면서 원하는 것을 모두 들어주었지만, 그와 달리 어머니 마리 앙투아네트는 매우 엄격한 편이었다. 그 이유는 시고모들이자 루이 15세의 딸들인 마담 아델라이드, 빅투아르, 소피 등이 매우 거만하고 제멋대로 행동하여 귀족들과 관계가 좋지 못했는데 마리 앙투아네트는 이것이 프랑스 왕실의 엄격하지 못한 가정 교육 때문이라고 여겼기 때문이다. 따라서 그녀는 딸을 바르게 가르치겠다고 결심했는데, 그 예로 빈민들이 사는 곳에 함께 방문하거나 그들을 궁에 초대하여 딸과 함께 시간을 보내게 한 것을 들 수 있다. 게다가 빈민을 돕고자 돈을 모두 써버려 딸에게 크리스마스 선물을 주지 못한 적도 있었다고 한다.

한편 프랑스 혁명은 마치 성난 불길처럼 이어져, 마리 테레즈의 부모, 즉 루이 16세와 마리 앙투아네트의 처형으로 그 정점을 찍었다. 그러면서 왕가의 일원 대부분이 살해되었는데 그중 마리 테레즈만이 너무 어리다는 이유로 탕플탑에 홀로 갇힌 채 세월을 보냈다. 이때 외부 소식을 전혀 알 수 없었기 때문에 마리 테레즈는 그곳에서 풀려날 때까지 부모, 고모 등이 모두 사형당했다는 사실조차 전혀 모르고 있었다. 게다가 그녀는 왕위 계승권자에 해당되지 않았고, 고작 10대 소녀였던 까닭에 마리 앙투아네트나 마담 엘리자베스처럼 반역죄로 처형하기에 충분한 이유를 만들 수 없었다.

그래서 왕가를 몹시 미워했음에도 불구하고 그들의 불행한 마지막에 대하여 파리 민중 사이에서는 조금씩 동정하는 빛이 감돌면서 어린 마리 테레즈에 대한 우호적 여론이 형성되기 시작했다. 그때 혁명 당원들조차도 그녀를 어떻게 처리해야 할지 몰라 고심하였다. 결국 마리 테레즈는 혁명 정부와 오스트리아 황실 사이의 협상에 의하여 혁명당원 포로 몇 명과 교환되기로 결정되었다.

그렇게 비엔나에 도착한 마리 테레즈는 발트 3국의 하나이며 당시에는 러시아 제국의 일부였던 라트비아의 엘가바에서 거주하던 숙부 프로방스 백작에게 보내졌다. 프로방스 백작은 루이 17세(마리 테레즈의 남동생)의 사망이 알려진 뒤 루이 18세로 자처하며 생활하고 있었으며 프랑스 왕실의 부활을 위해 마리 테레즈가 부르봉 왕가의 일원과 결혼해야 한다고 생각했다. 그것은 오스트리아 대공과의 결혼을 강요받고 있던 마리 테레즈에게는 매우 좋은 일이었다. 그리하여 숙부인 아르투아 백작의 장남이자 왕위 계승 서열 2위인 앙굴렘 공작 루이 앙투안이 그녀의 남편감이 되었다.

그후 왕실 가족은 다시 영국으로 망명하여 버킹엄셔에 정착했고 마리 테레즈를 비롯한 아르투아 백작 일가는 주로 에딘버러의 홀리루드 궁에서 지냈다. 그러는 사이 1814년 혁명 이후 권력을 잡았던 황제 나폴레옹 1세가 몰락하자 부르봉 왕가는 다시 왕위를 되찾으며 프랑스로 귀환했다. 고국으로 돌아온 부르봉 왕가는 추락한 왕실의 위엄을 되찾고자 루이 16세와 마리 앙투아네트, 마담 엘리자베스의 시신을 찾아내 왕실 묘소가 있는 생드니 대성당에 안치하고 화려하게 꾸몄다.

하지만 그런 작업이 끝날 무렵 나폴레옹이 유배지 엘바섬에서 탈출하여 파리로 진군하자 겁에 질린 루이 18세를 비롯한 왕족들은 모두 도주했다. 이때 그들의 피란에 반대하면서 나폴레옹에 맞서야 한다고 주장한 유일한 인물이 바로 마리 테레즈였다. 당시 보르도에 거주하고 있던 마리 테레즈는 나폴레옹이 돌아온다는 소리에 용감하게 군대를 소집하고 그와 맞서려 했으나, 나폴레옹의 위용을 실제로 보고 들었던 그녀의 군인들은 공포에 떨며 마리 테레즈의 신변을 보호하는 것만을 약속했을 뿐 나폴레옹에게 감히 맞서려 하지 않았다.

그러자 나폴레옹은 '그녀 혼자 그 가문의 유일한 남자'라면서 자신에게 맞섰던 마리 테레즈의 용기에 감탄한 뒤 그녀가 도망칠 수 있도록 기회를 주었고, 전세가 불리함을 깨달은 마리 테레즈 역시 외국으로 도피했다.

1815년 6월, 워털루 전쟁의 패배로 나폴레옹은 다시 몰락했고, 이어 세인트 헬레나섬에 유배되면서 부르봉 왕실은 재차 프랑스로 복귀했다. 1824년, 루이 18세가 자식 없이 사망하자 동생 아르투아 백작이 샤를 10세로 즉위하였고 그의 장남 앙굴렘 공작이 왕세자가 되면서 마리 테레즈는 왕세자비가 되었다. 불행했던 시절 억울하고 비참하게 생을 마감했던 루이 16세와 마리 앙투아네트 사이에 남겨진 유일한 자손 마리 테레즈를 사람들은 새삼스럽게 존중했지만 정작 마리 테레즈는 자신에게 커다란 불행을 안겨준 민중에게 마음을 열 수 없었다. 게다가 샤를 10세와 더불어 극단적으로 보수적이었던 그녀의 정치관으로 지식인들과의 사이 역시 긴장 관계였다.

1830년 '7월 혁명'이 일어나 샤를 10세와 그의 아들 앙굴렘 공작이 축출되었고, 마리 테레즈는 샤를 10세와 앙굴렘 공작이 퇴위했음을 증명하는 서류에 서명하는 20분 동안 이전 왕실 대표 역할을 해야만 했다. 왕위는 오를레앙의 루이 필립에게 이어졌고 마리 테레즈는 다시 망명길에 올라 영국, 오스트리아, 이탈리아 등을 떠돌아다녔고 그러던 중 남편 앙굴렘 공작은 1844년 사망했다. 자녀가 없었던 마리 테레즈는 시동생 베리 공작(Charles Ferdinand, Duke of Berry)의 유복자인 샹보르 백작 앙리(Henri, Count of Chambord)를 친자식처럼 키웠고, 루이 필립의 왕권을 인정하지 않은 채 조카 앙리가 진정한 왕위 계승자라고 생각했다. 그녀의 추종자들은 물론이고 앙리 자신도 그렇게 생각한 탓에 그들은 그를 앙리 5세로 칭했다. 마리 테레즈는 1851년 폐렴에 걸려 사망했다.

하인리히 프리드리히 퓌거

하인리히 프리드리히 퓌거(Heinrich Friedrich Füger, 1751~1818)는 영향력 있고 유명한 독일의 고전파 화가였다. 그의 아버지는 경건파 목사로 나중에 복음주의 목회 그룹의 최고의 자리에 올랐던 요셉 가브리엘 퓌거(Joseph Gabriel Füger)였다. 그는 1764년 루드빅스부르그(Ludwigsburg) 미술학교에서 궁정 화가였던 니콜라스 구이발(Nicolas Guibal)에게서 배우면서 미술 수업을 시작했다.

하인리히 프리드리히 퓌거

1769년 라이프치히에서 괴테의 소묘 교사였던 아담 프리드리히 외서(Adam Friedrich Oeser)에게 배운 다음 이탈리아로 견학을 떠나 나폴리의 프레스코화 등을 살펴본 뒤 1774년 비엔나도 둘러보았다. 그때 비엔나의 영국 대사였던 로버트 키쓰 경(Sir Robert Keith)이 그를 집중적으로 후원하기 시작하면서 그는 황제의 가족과 연결되었고 그때부터 그의 수업과 경력이 최고 권력과 함께 성장할 수 있었다.

1776년, 그는 정식으로 장학금 지원을 받으면서 로마로 떠나 몇 년 간 머물면서 공부할 수 있었다. 그때 그에게 큰 영향을 준 작가는 안톤 라파엘 멩스(Anton Raphael Mengs)였으며 1781년부터 1783년까지 나폴리의 왕가를 위한 작업을 이어갔다. 1783년에 수상 카우니츠(Wenzel Anton Graf Kaunitz)는 그를 당시 유럽 최고의 미술학교 중 하나였던 비엔나미술학교의 부학장으로 임명했다. 그의 부인은 1791년 결혼 후 1807년 세상을 떠났는데 그녀는 바로 독일의 배우이자 시인, 작가였던 요한 하인리히 프리드리히 뮐러의 딸(Anna Josefa Hortensia Müller)로 그녀 역시 배우였다.

그리하여 그는 1795년 미술학교 학장이 되면서 학교를 눈부시게 발전시키는데 그 공로로 벨베데레 궁전에서 제국 미술관 및 성 관리 총책임자로 임명되었다. 그는 죽은 후 비엔나 가톨릭 공원묘지(Waldmüllerpark)에 묻혔다.

하인리히 퓌거는 귀족 사회를 위한 모형 작가와 초상화 작가로 명성을 얻었고 나중에 대형 역사화로 눈을 돌리면서 고전주의의 가장 중요한 화가 중 한 명이 되었다. 그의 회화는 정치적으로 명확하게 표현되어 칼 대공과 같은 황실 내 특정 구성원의 영광을 제대로 나타냈다. 예를 들어, '게르마니아의 구세주로서의 칼 대공의 신격화(Apotheosis of Archduke Carl as the savior of Germania)'를 그렸는데 이를 위하여 전쟁 및 군사 관련 기록을 뒤졌고, 이로써 국가를 이끌어가는 황실 가족과 무엇보다도 프랑스에 대한 승리를 보여준 칼 대공의 군사적 업적을 이끌어낼 수 있었다. 1813년 퓌거는 라이프치히에서 벌어졌던 프랑스군과의 전투에서 그들에게 결정적인 패배를 안겨주었던 내용을 담은 메달을 디자인했다.

한편 그의 작품에서 독일 바로크 스타일의 유산을 분명히 볼 수 있으며 그가 편안하고 우아함을 만들고자 했던 노력도 분명히 엿보인다. 나중에 비평가들은 그의 그림 스타일을 두고 절충주의적이라고 하면서 그의 스타일에 비엔나 바로크 고전주의(Viennese Baroque Classicism)라는 명칭을 부여했다. 또한 그는 미술학교에서 무엇보다 명확하게 정의된 형태로 인물의 날카롭고 명확한 윤곽에 집중하는 교육을 했는데 이는 전적으로 고전주의적 이상과 일치한다. 그랬던 까닭에 소묘 훈련은 무엇보다도 중요했고 형태가 색보다 우선했으며 과정이 결과보다 우선이었다. 그리하여 집중적인 역사 수업에 결합된 고전적 모델 재현이 수업의 중심 주제였다. 해부학 역시 중요한 교육 자료로 사용되었으며 퓌거는 어린 학생들에게 아침 여섯 시부터 저녁 늦게까지 고전 속의 대가를 읽고 그들의 학문적 가르침을 따르도록 했다.

그랬던 까닭에 당시 사회와 예술 교육에서 그는 비엔나의 예술 교황이라고 불릴 정도로 능력을 발휘했다. 그리하여 비엔나미술학교에서 훈련받았다는 일종의 노동 허가증이 없는 미술가나 건축가는 매우 어려운 위치에 있을 수밖에 없었다.

그는 뮌헨미술학교와 밀라노미술학교의 명예 회원이자 뷔르템베르크 왕국 기사단(Order of the Württemberg Crown)의 기사였다. 1819년 퓌거상(Füger prize)이 제정되어 예술가들에게 수여되었으며 그와 따로 비엔나미술아카데미에서 수여하는 황금 퓌거 메달이 그의 이름을 따서 만들어졌다. 1876년 비엔나 마리아힐프(Mariahilf, 6지구)가 그의 이름(Fügergasse)으로 바뀌었고 2004년에 새로 지어진 하일브론(Heilbronn)의 다리(Fügerbrücke) 역시 그의 이름을 따라 명명되었다.

특별한 역할을 한 두 사람의 초상화가

1. 자크-루이 다비드

자크-루이 다비드(Jacques-Louis David, 1748~1825)는 파리에서 성공한 사업가의 아들로 태어났다. 아홉 살 무렵 아버지가 결투 도중 사망했지만, 그에게는 유복했던 어머니와 부유한 건축가 삼촌들이 있었다. 그리하여 그는 파리대학 부설 학교(Collège des Quatre-Nations)에서 교육받을 수 있었다. 이때부터 말을 하는 데 어렵게 만드는 안면 종양으로 힘이 들었지만 언제나 그림 그리기에만 몰두할 수 있었다. 그의 노트는 그림들로 뒤덮여 있었으며, 수업 시간에 언제나 교사의 눈을 피하여 그림을 그렸다고 나중에 스스로 말했다.

그는 당연히 화가가 되기를 지망했지만, 그의 삼촌과 어머니는 그가 건축가가 되기를 원했다. 하지만 그는 이를 거부하면서 당대의 대표적인 화가이자 먼 친척이었던 프랑수아 부셰에게서 그림을 배우고자 했다. 그때 부셰는 로코코 화가였지만 변화하는 추세에 따라 점차 신고전주의 방법을 추구하고 있었다. 그는 다비드의 요청을 받아들여 로코코 화가이면서도 고전적인 방식을 먼저 수용했던 자신의 친구 조셉-마리 비앵(Joseph-Marie Vien, 1716~1809)에게 그를 보냈다. 그리하여 다비드는 현재의 루브르 미술관에 있던 왕립미술학교에 적을 두면서 비앵에게 그림을 배웠다.

당시 프랑스에서는 매년 뛰어난 미술 지망 학생에게 권위 있는 로마상을 수여하였고 로마에 3~5년간 보내 실제적인 고전 양식을 경험하게 했다. 따라서 우승자들은 진정한 고전의 고향에서 고대 유물과 이탈리아

자크-루이 다비드

르네상스 거장의 작품을 직접 연구할 수 있는 기회를 얻을 수 있었다. 다
비드는 이 상을 받기 위하여 3년 연속 도전했는데 이때 명작으로 남은
출품작들(Minerva Fighting Mars, Diana and Apollo Killing Niobe's Children and
The Death of Seneca)을 그렸다.

　1772년 두 번째 도전에서 실패한 그는 급기야 이틀 넘도록 단식 투쟁
에 돌입했는데 이때 교수들로부터 그림을 계속 그리라는 격려를 받게 되
었다. 그는 로마상 입상과 함께 후원도 기대했지만 결국 또다시 고배를
마시고 말았다. 하지만 1774년에 다비드는 심사위원들이 정했던 주제인
'안티오쿠스 병의 원인을 발견한 에라시스트라투스(Erasistratus Discovering
the Cause of Antiochus' Disease)'를 그려 드디어 로마상을 받았다. 그리하여
1775년 10월 로마의 프랑스미술원 원장으로 임명된 그의 스승 조제프

마리 비앙과 함께 이탈리아로 떠날 수 있었다.

이탈리아에 있으면서 그는 푸생(Poussin), 카라밧지오(Caravaggio), 카라치(Carracci)와 같은 17세기 이전 거장들의 작품을 주로 연구하면서 "고전풍은 나를 유혹하지 못할 것이다. 그것들은 움직임이 없고 그저 정적일 뿐이다"라고 언급했다. 그때 그는 자신의 작업실에서 이후 평생 작업하면서 참고할 수 있는 소묘 등으로 열두 권의 스케치북을 완벽하게 채웠다.

그 무렵 화가 라파엘 멩스(Raphael Mengs, 1728~1779)를 알게 되었는데, 그는 고전적 주제를 허약하게 하고 하찮게 만드는 로코코 경향에 반대했다. 대신 고전 자료에 대한 엄격한 연구와 그렇게 남겨진 모델이 굳건해지길 옹호했던 사람이었다. 1779년에는 새로 발굴된 폼페이 유적지를 여러 번 돌아보면서 고전 문화가 영원한 개념적, 형식적 지표라는 생각을 굳혔다. 아울러 르네상스 시대의 화가들을 열심히 연구했는데, 그중 라파엘로는 젊은 프랑스 화가에게 오래도록 매우 깊은 인상을 남겼다. 그리고 남들과 쉽게 어울리기 힘들 만큼 개성을 소유했지만 그와 함께 했던 동료 학생들은 그의 천재성을 인정했다. 이어 다비드의 로마 체류 기간은 1년 연장되었다.

파리로 돌아온 얼마 후 그는 왕립아카데미의 공식 회원이 되었지만 젊은 신참 회원에게 아카데미의 행정부는 매우 적대적이었다. 국왕은 그에게 루브르에서 지낼 수 있도록 허락했는데 이는 위대한 미술가를 인정하는 뜻으로 모든 예술인이 바라던 특권이었다. 그때 국왕 관련 건물들을 주로 관리하던 한 책임자(Charles-Pierre, Pécoul)가 자신의 딸인 마가렛 샤를롯(Marguerite Charlotte)과 다비드의 결혼을 주선했고 다비드는 결혼으로 부유함과 네 명의 자녀를 얻게 되었다.

이후 그는 약 50명의 제자 역시 두었다. 그는 정부로부터 '아버지가 지킨 호라티우스(Horace defended by his Father)'를 그리라는 의뢰를 받았을 때 "나는 로마에서만 로마인들을 그릴 수 있다"라며 장인이 마련해준 돈으로 가족과 함께 로마로 떠났다. 로마에서 그는 유명한 대표작 '호라티우스의 맹세(Oath of the Horatii, 1784)' 등을 제작했다.

한편 1787년, 기대하던 로마의 프랑스미술학교의 책임자가 되지 못했는데 그 이유는 너무 젊었기 때문이었다. 6년에서 12년을 기다려야 한다는 설명에 화가 난 그는 살롱에 적대적인 자세를 갖기 시작했다. 1787년 그는 또 다른 대표작 '소크라테스의 죽음(Death of Socrates)'을 살롱에 출품했으며, 이어 1789년 '브루투스에게 자식들의 유해를 데려오는 호위병들(The Lictors Bring to Brutus the Bodies of His Sons)'을 발표하고자 준비했다.

그러던 중 전시 출품 바로 전날 프랑스 혁명이 시작되었고, 이어 바스티유 감옥이 민중의 공격으로 함락되었다. 이때 범람하는 선동물을 검열하던 궁정은 결국 살롱에 전시될 그림들 역시 주의 깊게 살피기 시작했다. 다비드가 그렸던 '라부아지에의 초상(portrait of Lavoisier)'은 주인공이 화학자이자 물리학자였지만 자코뱅당의 열렬 회원이었다는 이유로 전시를 금지당했으며 결국 '브루투스에게 자식들의 유해를 데려오는 호위병들'도 전시 금지되었다. 그런데 관련 보도를 접한 군중이 분노하여 왕실로 몰려가 금지 결정에 대한 철회를 요구하여 그림은 다비드의 학생들의 보호를 받으면서 전시되었다. 공교롭게도 관련 그림은 공화정을 추구하던 성난 민중의 요구에 부합하는 그림으로 혁명 기간 내내 상징적인 회화로 여겨졌다.

초기부터 다비드는 혁명의 지지자로, 로베스피에르의 친구이자 자코뱅 클럽의 회원이었고, 다른 이들이 위험을 느껴 새롭고 더 큰 기회를 얻기 위하여 나라를 떠나는 동안 그는 혁명에 동참하면서 옛 질서를 무너뜨리고자 힘을 더했다. 다비드 역시 루이 16세의 처형을 위한 국민의회의 일원이 되어 찬성 투표를 했는데 왕정에서 많은 기회를 보장받았던 그가 왜 그렇게 되었는지는 이해하기 매우 어렵다. 어떤 이들은 그의 고전에 대한 깊은 사랑이 공화 정부를 포함하여 그 시대에 대한 모든 것을 포용했기 때문이라는 말을 한다.

하지만 그가 혁명에 적극 참여한 까닭을 그의 성격에서 찾는 이들도 있는데 이것이 조금 더 타당해 보인다. 의심할 여지 없이 다비드의 예술적 감성, 변덕스러운 기질과 감정, 치열한 열정, 강렬한 독립심은 그로 하여금 충분히 기존 질서에 반대하도록 만들었다고 본다.

그렇지만 그런 의견으로는 공화정에 대한 그의 헌신을 설명하기에는 부족한데 그의 '강력한 야망과 비범한 의지력'이라는 어쩌면 모호한 파악이 과연 실제로 그의 혁명적 기여와 무슨 관련이 있었는지는 아직 의문이다. 또 그를 아는 사람들은 기회주의나 맹목적 질투보다는 '관대한 열정', 높은 이상주의, 선의, 때로는 불같은 열정이 잠재하다가 그 기간에 표출된 것으로 보고 있다. 그러던 중 다비드의 시선은 왕립아카데미로 옮겨져 강력한 구조적 개선의 의견을 내비쳤고, 당연히 그의 공격은 왕당파에 의하여 반대되었다. 그리하여 국민의회는 최종적으로 새로운 헌법을 만들어 변화시키라는 결론을 내렸다.

1789년 그는 혁명의 역사적 사건 중 하나였던 '테니스 코트 서약'을 그리고자 시도했는데 개인적인 신념보다 그렇게 하도록 위임받았기 때문이었다. 당시 국왕의 어쩔 수 없는 묵인 아래 제3 신분은 6월 17일 그들의 모임 명칭을 국민의회로 바꾸었다. 그리하여 3일 후 약정되었던 그들의 만남은 회의장 문을 잠궈버리는 일로 인하여 테니스 코트로 옮겨졌다. 결국 이 사건은 구 시대에 대항하는 민중적 단결의 상징으로 여겨졌다. 다비드는 그 상징적인 사건을 기리기 위해 결국 자코뱅의 전신인 자유와 평등의 벗 협회(Society of Friends of the Constitution)에 가입했다. 드디어 그는 본격적으로 정치에 참여하게 되었고 그런 과정을 그린 그림은 매우 큰 크기로, 화면 앞에 보이는 인물인 제헌의회 의장(Jean-Sylvain Bailly)을 포함하여 모두 실제 인물 크기의 단체 초상화였다. 다비드는 작업하면서 돈이 부족하여 자코뱅에게 손을 벌렸고, 그들은 이미지의 복제본을 받는 조건으로 모금을 진행했다. 모두 3천 명이 넘는 인원이 참여했지만, 그마저도 부족하여 국가에서 조달해야 했다.

그는 그 누구보다 혁명이라는 역사적, 정치적 사건을 '실시간(real time)'으로 묘사하여 남기고자 했던 갈망으로, 이전에 없었던 시도를 하게 되었다. 이어 국민의회는 보수와 급진적 자코뱅으로 분열되어 궁극적으로 권력을 잡고자 각축전을 벌였고 테니스 코트에 모였던 정신으로의 합의가 이루어지지 않았다. 즉 1789년의 영웅 중 상당수가 1792년에는 악당이 되어 있었던 것이다. 그렇게 불안정한 환경 속에서도 다비드는 작업을 이어 나갔고, 결국 누드 몇 점을 그리면서 '테니스 코트 서약' 관련 그림의 완성을 포기했다. 한계를 깨달은 그는 자신의 그림에 직설적인 표현보다는 은유를 사용하는 방식으로 돌아갔다.

1778년 볼테르가 죽었을 때 교회는 그를 교회에 매장하기 거부했고, 대신 그의 시신은 수도원 근처에 안장되었다. 1년 후, 볼테르의 오랜 친구들은 프랑스 정부가 교회 재산을 몰수하자 그의 시신을 판테온에 묻기 위한 캠페인을 시작했다. 이때 다비드는 파리 거리를 지나 판테온까지 행진하는 행사의 책임자로 임명되었다. 돈을 너무 많이 소비했고, 비가 내린다는 보수파의 반대에도 불구하고 행진은 이어져 10만 명이 넘는 사람이 '혁명의 아버지'가 안식처로 옮겨지는 것을 지켜보았다. 그 일은 공화국을 위해 다비드가 조직했던 많은 대규모 행사 중 첫 번째로, 그는 다시 왕당파와 싸우다가 죽은, 이른바 순교자를 위한 행사를 조직했다.

다비드는 연극 공연과 조직적인 의식에 많은 혁명적 상징을 통합하여 사실상 응용 예술이라는 개념을 만들면서 이를 급진화시켰다. 그가 선전

장관을 맡으면서 만들었던 가장 인기 있던 상징은 그리스의 고전 이미지에서 가져온 자유의 여신과 헤라클레스의 모습 등으로, 이는 군주제를 무릎 꿇게 만들었던 기념 축제에서 나타났다.

1792년, 프랑스 국민들의 손으로 부르봉 왕가는 폐지되었고, 새로운 국민회의가 첫 번째 회의를 열었을 때 다비드는 친구 장-폴 마라 및 로베스피에르와 함께 앞줄에 앉아 있었다. 그 집회에서 다비드는 이른바 '사나운 테러리스트'라는 별명을 얻었다. 이때 로베스피에르의 대리인들은 국왕이 시민 정부를 전복시키려 했다는 사실을 증명하는 서신이 들어 있는 비밀 금고를 발견하고 그의 처형을 요구했던 것이다. 국왕을 처형하고자 하는 국민회의가 소집되었고 다비드는 이때 처형 찬성표를 던졌는데, 그 일로 왕당파였던 아내에게 이혼당하고 말았다.

1793년 7월 13일, 그의 친구 마라가 샤를롯 코르데에 의하여 암살당하는 일이 벌어졌다. 다비드는 분노와 비통함에 빠져 그의 죽음을 그렸고, 그림 속 마라가 쥐고 있는 메모에 암살범의 이름을 적었다. 다비드는 서둘러 작업했지만 결과는 단순하고 매우 강력하여 국민회의에 보여졌을 때 그림은 '혁명의 피에타'로 간주되면서 그의 유명한 대표작 중 하나로 남았다.

그는 정치인들에게 작품을 보여주면서 "시민, 즉 친구들이라고 고쳐 부를 수 있는 사람들이 나를 부르고 있었다. 그들은 거친 목소리로 내게 외쳤다. 다비드, 붓을 들라. 마라의 복수를 위하여. 나는 그 명령에 순종할 수밖에 없었다"라고 말했다.

작품 '마라의 죽음'은 테러를 상징하는 매우 중요한 이미지가 되었고 혁명을 언급하던 마라와 다비드 모두 불멸의 존재로 만들었다. 아울러 '예술가의 정치적 신념이 작품에 직접 나타날 때 달성할 수 있는 감동적인 증언'으로 굳건히 자리하게 되었다. 그때 다비드는 마라를 예수나 그의 제자들을 그린 방식과 매우 유사하게 정치적인 순교자에 대한 실제 살인이라는 장면을 즉각적으로 창조했던 것이다.

국왕이 처형되면서 새로운 프랑스 공화국과 유럽의 거의 모든 강대국 사이에 전쟁이 발발했고, 이때 다비드는 국가안전위원회의 일원으로 공포 정치에 직접 관여했다. 그리고 마지막으로 절대자(Supreme Being)로의 행사를 조직했다. 이때 로베스피에르는 그런 일들이 대단한 선전 도구임을 깨달으면서 루소의 사상을 바탕으로 공화국과 도덕 사상을 혼합하여 새로운 종교를 만들고자 했다. 그리하여 교회 토지를 몰수하기 시작했고 사제들에게는 국가에 대한 맹세를 요구하면서 압박을 가했다.

전쟁이 벌어지면서 국내에서는 국가안전위원회의 통제 수단이었던 비상사태가 더 이상 존재할 수 없게 되었다. 그렇게 국정을 휘어잡은 국민의회와 다수는 로베스피에르를 체포하여 단두대에서 처형하면서 공포 정치가 막을 내렸다. 다비드 역시 체포되어 1794년과 1795년 두 번 수감되면서 대부분의 시간을 그리 불편하지 않은 파리의 뤽상부르 궁전에서 복역했다. 그때 그는 자신의 초상화를 그렸는데, 실제보다 훨씬 어린 자신과 간수의 모습이었다.

다비드가 투옥되었을 때 헤어진 부인이 그를 방문했고, 이때 그는 '평화를 중재하는 사비니 여인들에 관한 그림(Sabine Women Intervention of the Sabine Women)'을 이야기했다. 그것은 다비드의 또 다른 대표작으로, 갈등을 이겨내는 사랑에 대한 주제이자 아내라는 존재를 나타내기 위한 것이었다.

그는 작품을 위한 새로운 스타일을 구상했는데, 이전의 역사적 그림들이 '로마적'이었다면 그때의 것은 '순수한 그리스 스타일'로 여겼고, 이는 과거 그림 인물들의 근육질, 각진 형상 대신 부드럽고 여성적이며 더 회화적이었다고 할 수 있다.

1797년 나폴레옹을 처음 대면한 그는 그의 추종자가 되어 바로 스케치를 했다. 나폴레옹 역시 그를 높이 평가하면서 이듬해 이집트 원정에 함께 갈 것을 제안했다. 하지만 다비드는 자신이 이룩해 놓은 물질적 편안함에 빠져 안전과 평화가 보장되지 않는 여행을 거부했고, 대신 도안공이자 조각가였던 도미니크 비방 데농(Dominique Vivant Denon)이 가서 고고학적 탐구와 다큐멘터리 작업을 수행했다.

드디어 1799년 나폴레옹의 성공적인 쿠데타 이후, 제1 집정관으로서 그는 다비드에게 그의 알프스를 넘는 대담한 원정에 대한 홍보를 위임했다. 생 베르나르 고개(St. Bernard Pass)를 넘은 프랑스군은 오스트리아군을 기습한 뒤 1800년 6월 14일 벌어진 마렝고 전투에서 승리를 거두었다. 나폴레옹은 실제로는 노새를 타고 알프스를 넘었지만, 말을 탄 그를 그렸던 다비드는 1804년 제국이 선포된 후 공식 궁정 화가가 되었다. 그때 그가 외뢰받아 작업한 것 중 최고의 명작으로 '나폴레옹의 대관식(The Coronation of Napoleon, 1805-1807)'을 들 수 있는데 이는 행사의 현장을 기록한 세기적인 명작이자 최고의 집단 초상화라고 할 수 있다.

작업이 진행될 때 나폴레옹은 가끔 화가를 만나러 와서 캔버스를 쳐다보면서 다비드에게 진정으로 경의를 표했고, 다비드 역시 변덕스러운 그로 인하여 세부를 다시 그렸음에도 수고비로 2만 4,000프랑을 받았다. 1803년 이후 1815년까지 그는 기사에서 귀족 작위급으로, 그리고 최고 레지옹 도네르(Légion d'honneur)라는 사령관에 해당하는 직위로 수직 상승했다.

부르봉 왕조가 다시 들어섰을 때 루이 16세의 처형에 찬성을 한 사람들 명단에 그가 있었음이 밝혀졌지만 사면되었고, 오히려 궁정 화가로 계속 일할 것을 제안받았다. 하지만 그는 거부하고 스스로 브뤼셀로의 망명의 길을 선택했다.

브뤼셀에서 그는 몇몇 벨기에 화가를 교육하며 '큐피드와 푸시케(Cupid and Psyche)'와 같은 작품을 그리면서 재혼한 부인과 평안하게 지냈다. 그 외에 기존과 다른 소품의 신화 속 장면을 비롯하여 제라르 남작과 같은 나폴레옹 추종자였다가 망명했던 인물 및 브뤼셀 시민들을 그렸다. 그는 1822년부터 1824년까지 자신의 마지막 위대한 작품인 '비너스와 세 미신(Venus and Three Graces)'을 작업하면서 1823년 12월 다음과 같이 적었다.

"이제 내 나이 75세로, 더 이상 붓을 들기 어려울 것이다."

완성된 작품은 깨끗한 색감 덕분에 마치 도자기를 연상시켰고, 처음에는 브뤼셀에서 전시된 후 그가 배출했던 제자들을 위하여 파리에서 전시되었다. 그때 다비드는 자신의 작업실을 방문한 친구들에게 '이 그림이 나를 죽이는 것'이라면서 작업을 완료하지 않을 것처럼 말했다. 하지만 실제 그가 죽을 무렵 그림은 완성되었다. 이때 앙브루아즈 피르맹-디도(Ambroise Firmin-Didot)는 작품을 파리로 가져와 1826년 4월 파리에서 열린 전시회(Pour les grecs)에 포함시켰다.

다비드는 마차 사고로 세상을 떠났다. 그가 극장을 나설 때 마차가 그를 치었고, 결국 1825년 12월 29일 그는 사망했다. 그의 죽음 이후 그의 일부 초상화가 파리에서 경매에 부쳐졌으나 거의 팔리지 않았다. 게다가 유명한 '마라의 죽음' 역시 대중의 분노로 인하여 따로 조용히 전시되었다. 다비드의 시신은 브뤼셀의 한 공동묘지에 안장되었고, 그의 심장은 부인과 함께 파리의 페레 라셰즈 공동묘지에 묻혔다.

2. 엘리자베스 루이스 비지 르 브렁

역사 속에서 여성 화가가 그리 많지 않았고, 그들 중 지금까지 언급되는 작가도 드물다. 그나마 초상화를 주로 다루었던 여성 화가는 소포니스바 앙귀솔라 정도이다. 엘리자베스 루이스 비지 르 브렁(Elisabeth Louise

Vigée Le Brun, 1755~1842)은 프랑스 혁명으로 세상을 떠난 마리 앙투아네트의 전속 화가였고 주로 초상화를 그렸던 화가이다. 매우 드라마틱했던 역사 속에서 살아남았고 18세기 후반과 19세기 초반 나름 괜찮은 초상화들을 완성시켰던 중요한 인물이라고 할 수 있다.

그녀 역시 신고전주의 스타일의 회화를 배워 충실한 고전주의 화가라고 할 수 있지만 활약하던 시대적 양상, 선택한 주제와 색상 등으로 보아 로코코 화가라고도 할 수 있다. 그녀는 특히 대표적인 초상화가였기 때문에 이른바 구시대의 화가이기도 했다. 당시 유럽의 여러 귀족, 배우, 작가들의 후원을 받았고 열 개 도시의 미술 아카데미에 초대되었기 때문이었다.

그녀는 660점의 초상화와 200점의 풍경화를 그렸는데 대부분 개인 소장품이며 그렇지 않은 작품들은 루브르미술관, 피렌체 우피치화랑, 상트페테르부르크의 에르미타주미술관, 런던의 내셔널갤러리, 뉴욕 메트로폴리탄미술관을 비롯 유럽 여러 나라 미술관과 미국의 컬렉션을 이루고 있다. 1835년과 1837년 무렵, 그녀의 나이 80세를 맞아 기념 작품집이 출판되었다.

파리에서 태어난 그녀의 어머니는 농촌 출신의 미용사였고 아버지 루이스 비지(Louis Vigée)는 생-룩아카데미(Académie de Saint-Luc) 소속의 꽤 알려진 초상화가였다. 따라서 그녀는 자연스럽게 아버지로부터 그림을 배우기 시작했고 다섯 살에는 수녀원에 들어가 6년간 수업했다. 열두 살 때 아버지가 세상을 떠나자 1768년 어머니는 부유한 보석상과 다시 결혼했는데 그러면서 가족은 팔레 로얄과 가까운 생-토노레가(Rue Saint-Honoré)로 이사했다.

10대가 된 그녀는 이미 전문적인 초상화 작가가 되어 있었고 그녀의 스튜디오가 당국의 허가 없이 운영되어 압수당한 후 아카데미 데 생-룩

엘리자베스 루이스 비지 르 브렁

에 지원했다. 그곳에서 자신도 모르게 살롱에 작품을 출품하게 되었다. 결국 1774년에 그녀는 아카데미의 회원이 되었고 이어 1776년 화가이자 미술상인 장-밥티스트-피에르 르 브렁(Jean-Baptiste-Pierre Le Brun)과 결혼했다. 그녀는 파리의 루베르호텔에서 자신의 작품을 전시하기 시작했는데 그렇게 개최한 살롱에서 새롭고 귀중한 사람들과 교류하게 되었다.

또한 남편의 증조할아버지는 루이 14세 때 프랑스학술원의 초대 원장이었던 샤를 르 브렁(Charles Le Brun)이다. 1780년 2월 그녀는 첫째 딸(Jeanne Lucie Louise)을 낳았는데 아이를 쥴리(Julie), 갈색머리(Brunette)로 불렀다. 1781년 그녀 부부는 플랑드르와 네덜란드를 여행했는데, 그곳에서 플랑드르 거장들의 작품을 보고 새로운 기법을 시도하게 되었다. 그리하여 그녀의 대표작 '밀짚모자를 쓴 자화상(Self-portrait with Straw Hat, 1782)'

은 루벤스를 자연스럽게 따라 그린 작품이었다. 그녀는 마리 앙투아네트의 후원을 받기 시작하면서 화려한 경력을 만들었는데 왕비와 그녀 가족의 초상화를 30점 이상 그리면서 왕비 전속 화가라는 인식이 널리 퍼졌다.

1783년 그녀는 살롱에 '모슬린 드레스를 입은 왕비(Marie-Antoinette in a Muslin Dress, 1783)'를 전시했는데, 이때 왕비는 단순하며 평범해 보이는 흰색 면 의복을 입은 모습이었지만, 그 결과 비공식적인 의상을 한 그림이었다는 점과 그런 결정을 왕비가 내렸다는 두 가지 문제로 여러 사람의 입에 오르내리게 되었다. 나중에 그린 '마리 앙투아네트와 아이들(Marie Antoinette and Her Children, 1787)'은 그렇게 왕비에게 쏟아졌던 부정적인 여론과 판단에 대하여 친숙한 모습으로 이미지를 개선하려는 시도였다. 하지만 그런 시도 역시 시국의 불안정함 때문에 외국 출신 여인이라는 불안한 정체성을 암시하게 되었다. 그림을 자세히 보면 오른쪽에 있는 아이 루이 조제프(Louis Joseph)가 빈 요람을 가리키고 있는데, 이것은 그녀가 최근에 아이를 잃었음을 의미하면서도 어머니로서의 역할을 더욱 강조한 것이었다.

1783년 5월 31일 르 브렁은 회화 및 조각 아카데미의 회원이 되었는데 1648년에서 1793년 사이 정회원이 된 열다섯 명 중 그녀는 남편이 미술상이라는 이유로 입회를 거절당했지만 마리 앙투아네트의 힘으로 최종 회원으로 결정되었다.

1789년 10월 프랑스 혁명에 의하여 국왕 가족이 체포되자 르 브렁은 어린 딸 쥴리를 데리고 국외로 탈출했고 이때 남편은 부인에게 이탈리아에서 지내면서 실력을 향상시키라고 당부했다. 하지만 그녀는 심한 공포를 느꼈다. 그리하여 12년 동안 이탈리아(1789~1792), 오스트리아(1792~1795), 러시아(1795~1801) 및 독일(1801)에서 차례로 머물렀다.

이탈리아에 있으면서 그녀는 파르마의 아카데미(1789)와 로마의 아카데미아 디 산 루카(1790)의 회원이 되었고 나폴리에서는 오스트리아의 왕녀이자 마리 앙투아네트의 언니 마리아 카롤리나(Maria Carolina)와 그 자녀들의 초상화를 그렸다. 아울러 그녀는 그곳에서 만난 엠마 해밀턴(Emma Hamilton) 부인을 그리스 신화 속 아리아드네(Ariadne) 등으로 우화적으로 만들었다.

비엔나에 있는 동안 르 브렁은 마리아 요세파(Maria Josefa Hermengilde von Esterhazy) 공주, 카롤리네(Karoline von Liechtenstein) 공주 등의 초상화를 그렸는데 그것들은 장식되지 않은 로마식 의상을 입은 매우 고전적인 모습이었다. 러시아에 있을 때 그녀는 귀족들로부터 환영을 받으면서 폴란드의 이전 국왕(Stanisław August Poniatowski)과 예카테리나 여제의 가족을 비롯한 수많은 귀족을 그렸다.

그렇게 프랑스의 미적 양식은 러시아에서 널리 찬사를 받았지만, 여전히 그 수용이 어려운, 다양한 문화적 차이를 남겼다고 한다. 그것은 예카테리나 여제의 묘사에서 그들의 예상을 뛰어 넘는 맨살에 대한 표현이었는데 결국 나중에 옷소매를 덧붙였다고 한다. 실제로 그런 르 브렁의 계획을 이해했던 여제는 포즈를 취하기로 했지만 그 직전에 심장마비로 사망하고 말았다.

르 브렁은 상트페테르부르크 미술아카데미의 회원이 되었는데, 이때 그녀의 딸 쥘리가 그곳 제국 극장 책임자의 비서인 가에탕 베르나르 니그리스(Gaétan Bernard Nigris)와 결혼했다. 딸 쥘리는 1819년에 어머니보다 먼저 세상을 떠났다.

당시 그녀의 고국 프랑스에서는 지속적으로 그녀의 남편과 다른 가족들이 반혁명적 망명자 명단에서 그녀의 이름을 삭제하기 위해 호소했는데 그 덕분에 그녀는 1802년 1월에 귀국할 수 있었다. 그녀는 1803년 런던, 1807년과 이듬해 스위스를 여행했으며, 이때 제네바에서 그곳 미술학회(Société pour l'Avancement des Beaux-Arts)의 명예 회원이 되었다.

말년에 그녀는 일드프랑스의 루베시엔느(Louveciennes)에 집을 구입한 뒤 파리를 오가면서 지내다가 1842년 3월 86세의 나이로 파리에서 세상을 떠났다. 그녀는 집 근처의 루베시엔느 묘지에 묻혔고, 그녀의 묘비에는 "드디어 여기서 잠들다(Ici, enfin, je repose…)"라는 말이 새겨졌다.

그녀의 첫 번째 회고전은 1982년 미국 텍사스 포트 워스에 있는 킴벨미술관에서 열렸으며, 주요 국제 회고전은 파리의 그랑 팔레갤러리(2015~2016)에 이어 뉴욕 메트로폴리탄미술관(2016)과 오타와의 캐나다국립미술관(2016)에서 개최되었다.